経営12か条の講義実録

经营十二条讲义实录

[日] 村田忠嗣 著　　叶瑜 译

村田忠嗣是稻盛和夫经营学的忠实实践者，也是盛和塾塾生的杰出代表，他每年多次来中国义务为盛和塾塾生讲解“经营十二条实践”。村田忠嗣在多次授课的基础上，结合自己积累的上百篇关于“经营十二条”的文章，写就本书，以此作为“经营十二条”课程的教材。本书在阐述稻盛和夫提出的“经营十二条”的特点的基础上，从宏观、微观两个层面深入分析“经营十二条”。在微观层面，村田忠嗣逐条深入分析“经营十二条”，并结合自己的实践，给出了在工作、生活中实践“经营十二条”的切实可行的方式方法。本书是一本了解“经营十二条”、实践“经营十二条”的必读图书。

北京市版权局著作权合同登记　图字：01-2025-0513 号。

图书在版编目（CIP）数据

经营十二条讲义实录 /（日）村田忠嗣著；叶瑜译 .
北京：机械工业出版社，2025. 4（2025. 5 重印）. -- ISBN 978
-7-111-77949-0

I. F279.313.3

中国国家版本馆 CIP 数据核字第 20257FG125 号

机械工业出版社（北京市百万庄大街 22 号　邮政编码 100037）
策划编辑：孟宪勐　　责任编辑：孟宪勐　戴樟奇
责任校对：王小童　杨　霞　景　飞　　责任印制：刘　媛
涿州市京南印刷厂印刷
2025 年 5 月第 1 版第 3 次印刷
147mm × 210mm · 8.625 印张 · 1 插页 · 141 千字
标准书号：ISBN 978-7-111-77949-0
定价：79.00 元

电话服务
客服电话：010-88361066
　　　　　010-88379833
　　　　　010-68326294

网络服务
机　工　官　网：www.cmpbook.com
机　工　官　博：weibo.com/cmp1952
金　　书　　网：www.golden-book.com
机工教育服务网：www.cmpedu.com

前言

自《经营十二条实践》付梓以来，六年过去了。我收到许多读者的读后感，由此也得知各位不仅诚挚地阅读该书，并将书中所写的东西用于自己的工作与经营。在无比感谢的同时，我也意识到自己所写的书或许会对各位读者的命运产生影响，因此我深刻感受到肩上那份莫大的责任。

《经营十二条实践》所写的内容取自我2009～2011年的博客《助益人生与经营的村长杂谈》，距今已有14年。后来，我一直在日本与中国各地举办经营十二条讲座，有了许多新的感悟，于是有了续写《经营十二条实践》并将其付梓的想法。

再者，师父[⊖]在2022年逝世（享年90岁），大家再也不可能得到师父的亲自指点。对于我们这些门徒而言，如果不能实践师父所教的人生与经营的哲理，做出成果，就辜负了我们的师父。正因为师父已然离世，我们更需要正确地学习、践行经营十二条，让更多人做出成果，获得幸福。

最后，同前作《经营十二条实践》一样，我事先声明，所有经营十二条的实践心得都是我从师父那里学习、揣摩与坚持实践所得，不能百分之百代表师父的经营十二条的原义。通过我自己在经营与人生中的兜兜转转而习得的经营十二条，若能对读者的经营或生活有所助益，哪怕只有一位读者，我都将感到无比欢喜。

⊖ 本书中的师父、塾长均指日本著名企业家稻盛和夫。——译者注

目录

前　言

第一章 | 经营十二条的特点 / 001

是经营需要的三个力之一 / 004

是突如其来的灵感 / 004

是逐渐进化而成的最终形态 / 005

其有效性经过实证 / 006

是经营的原理原则 / 006

囊括了师父的一切智慧 / 008

即使不想，也会稳定发展 / 009

能实现个人、家庭、工作全方位的幸福 / 010

是无形而宝贵的 / 011

可像工具一般使用 / 011

是安全、可放心使用的方法 / 012
普通人也能使用 / 012
能同时实现物质上的富裕与精神上的富足 / 012
是永续稳定发展的方法 / 013
是一丝不苟的方法 / 014

第二章 | 从宏观层面理解经营十二条 / 017

第三章 | 从微观层面理解经营十二条 / 027

第一条 明确事业的目的和意义 / 029
——树立光明正大、具备大义名分的崇高目的

什么是目的、意义 / 030
确立什么样的目的 / 031
提高目的的层次 / 032
乔伊·奇克夺取奥运金牌的意义 / 034
要想提高目的的层次，就要追问目的的目的 / 035
从身边开始思考 / 036
寻找目的的方法 / 037
无论从事什么工作，都需要有志向 / 044
获得个人、家庭、工作等全方位的幸福 / 045
不是为了赚钱，而是为了做贡献 / 045
志向不是野心 / 046
幸福不是权利，而是义务 / 047

让员工幸福 / 047

第二条 设立具体目标 / 048
——所设立的目标与员工共有

什么是具体目标 / 048
如何制定目标 / 057
如何共有目标 / 063

第三条 胸中怀有强烈的愿望 / 070
——为了实现目标，要持有渗透到潜意识的、强烈而持久的愿望

何谓潜意识 / 071
怎么用上潜意识 / 071
潜意识从不休眠 / 074
你首先得这么想 / 075
使用潜意识就不会疲累 / 076
留心愿望的质量 / 076
不要分心 / 077
更多的量，更高的质 / 077
关键在于热情 / 078
用愿望取代目标 / 078
提高知觉，直抵理性良知 / 079
没有热情就无法进入潜意识 / 080

第四条　付出不亚于任何人的努力　/ 081
——扎扎实实、一步一步、坚持不懈做好具体工作

不是“拼命努力”　/ 081
一年工作 5000 个小时　/ 082
如何做到 5000 个小时　/ 082
持续做出成果的人一定在付出努力　/ 083
努力是大自然的规律　/ 084
首先要努力　/ 084
没有行动的梦想是不会实现的　/ 085
不要在比较中输给别人　/ 087
不断踏实地做好具体工作　/ 088
心中有“忍”　/ 088
几何倍级型增长　/ 089
琢磨与努力是一对儿　/ 090
在相扑台的中央发力　/ 090
付出不亚于任何人的努力的基准线　/ 090
不提高心性就做不到“付出不亚于任何人的努力”　/ 091
竭尽全力（尽心尽力）　/ 092
谁在尽全力　/ 093
马拉松比赛里的外行　/ 094
付出不亚于任何人的努力的附带收益　/ 095
付出不亚于任何人的努力的类型与方法　/ 099

第五条　销售最大化，费用最小化　/ 129
——量入为出，不必追逐利润，利润自来

销售极大化，费用极小化　/ 129
得到金钱的办法　/ 130
核算意识优于成本意识　/ 131
为什么是10%　/ 131
京瓷是怎么“做出”10%的利润率的　/ 132
销售极大化即毛利极大化　/ 133
销售极大化、费用极小化的简单规律　/ 134
双倍劳作，但几乎不花费用　/ 135
追逐利润也可以　/ 136
为什么必须实现高收益　/ 136
销售的本质　/ 137
销售额＝贡献额　/ 138
三分产品七分销售　/ 138
销售额是“做”出来的　/ 139
如何看待萧条　/ 140
寻找有钱的市场，将手头宽裕的顾客作为目标对象　/ 142
瞄准已经存在的市场　/ 142
成为专家中的专家　/ 142
别搞错目标的次序　/ 143
创造与维护（拓新与持续）/ 144
费用的本质　/ 147

警惕固定费用　/ 148
如何看待税金　/ 149
绝对要盈利　/ 150

第六条　定价即经营　/ 152
——定价是领导者的职责，价格要定在顾客乐于接受而企业也有盈利的交汇点上

定价就是经营本身　/ 152
定价定的是价值　/ 153
定价定的是单价　/ 154
定价就是把命攥在自己手里　/ 154
定价无关价格贵贱，而在于价值的创造　/ 155
定价直接影响利润　/ 156
盈利点是浮动的　/ 157
时刻不忘价值 / 价格分式　/ 158
定价是领导者郑重庄严的大事　/ 159
定价要同时观察三方，通盘考虑　/ 159
价值分析　/ 160
定价包括决定买入价与卖出价，所以是“领导者的职责”　/ 160
为了定价　/ 161

第七条　经营取决于坚强的意志　/ 162
——经营需要洞穿岩石般的坚强意志

何谓意志　/ 163

培养意志的方法 / 170

第八条 燃烧的斗魂 / 173
——经营要有不亚于任何格斗家的强烈斗争心

何谓斗魂 / 174
斗魂的类型 / 182
培养斗魂的方法 / 182

第九条 临事有勇 / 183
——不要有卑怯的举止

没有勇气就不要从事经营 / 183
何谓勇气 / 185
培养勇气的方法 / 190

第十条 不断从事创造性的工作 / 201
——明天胜过今天，后天胜过明天，不断钻研创新，精益求精

何谓创造 / 201
从事创造性工作的方法 / 210

第十一条 以关怀坦诚之心待人 / 223
——生意是相互的，买卖双方都要得利，皆大欢喜

何谓关爱 / 224
何谓诚实 / 236

关于和谐 / 238
培养利他精神的方法 / 240

第十二条　始终保持乐观向上的态度，以坦诚之心处世 / 247

为什么要时刻保持 / 247
在人前保持开朗 / 248
取悦自己 / 249
乐观开朗是与天相通的秘诀 / 250
精神优先 / 250
最恶的三毒 / 250
人工陶瓷骨事件 / 251
心灵的层次 / 252
将因果代入人生方程式 / 252
因果陷阱 / 253
别人是自己的镜子 / 254
因果同质 / 254
方法 / 255
坦诚 / 257

第一章 经营十二条的特点

经营十二条有许多了不起的特点，目前我认识到的有15个，下面依次说明。

- 是经营需要的三个力之一。
- 是突如其来的灵感。
- 是逐渐进化而成的最终形态。
- 其有效性经过实证。
- 是经营的原理原则。
- 囊括了师父的一切智慧。
- 即使不想，也会稳定发展。
- 能实现个人、家庭、工作全方位的幸福。
- 是无形而宝贵的。
- 可像工具一般使用。
- 是安全、可放心使用的方法。
- 普通人也能使用。
- 能同时实现物质上的富裕与精神上的富足。

- 是永续稳定发展的方法。
- 是一丝不苟的方法。

是经营需要的三个力之一

师父在纽约例会的演讲《经营需要的三个力》中讲过经营三力：一是自力；二是两个他力。自力，即经营者正确学习、践行经营十二条；他力之一是来自员工等周围人的支持，他力之二是自然之力，即天力、运势。

只要正确学习、践行经营十二条，就能获得这三个力中的一个。

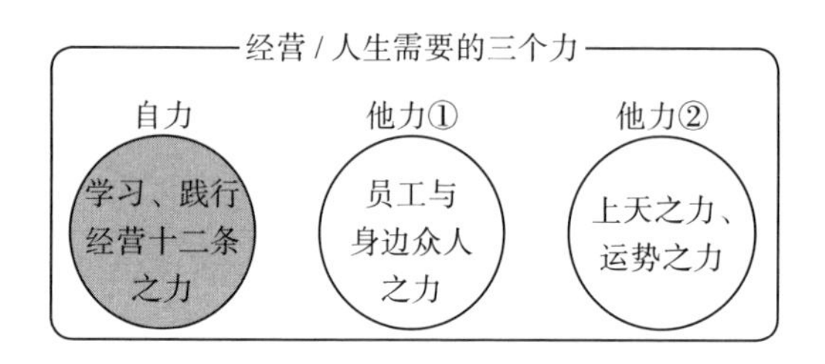

是突如其来的灵感

2008 年，盛和塾[㊀]在日本四国高松举办了塾长例会。

㊀ 稻盛和夫在日本建立的企业家学习组织，稻盛先生也常被称为塾长。塾长例会是该组织主要的学习形式之一。——译者注

在例会后的二次会[㊀]上，师父突然说："经营十二条不是我发明创造的。"我讶异地想："经营十二条不是师父发明创造的，还能是谁呢？"只听得师父说道："十二条是我从长年经营中获得的灵感，就像来自神的启迪——只要这么经营，企业就能顺利发展。"

毫无疑问，经营十二条确实出自师父之手，师父却说它是来自上天的灵感。师父还将这种灵感称为"智慧的宝库"。

是逐渐进化而成的最终形态

我加入盛和塾时，"经营十二条"已经存在。然而，在1995年我聆听盛和塾全国大会塾长讲话时，发现塾长讲到"六项精进"的时候，将其称为"经营六条"。之后，六条逐渐演变成"经营七条"，然后是十一条，直至现在的"经营十二条"。

正是由于师父时刻在思考，经营十二条才进化成现在的最终形态。

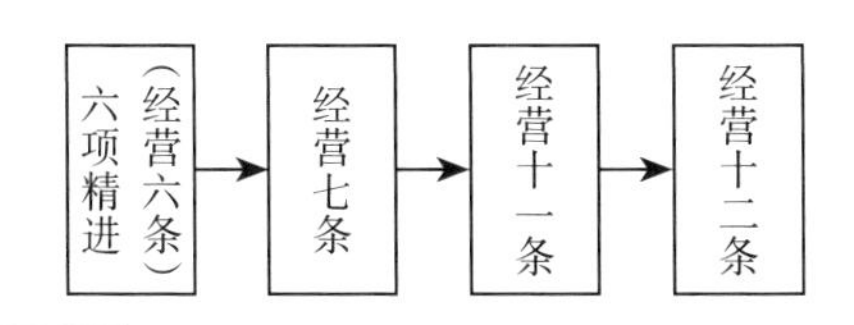

㊀ 指聚餐结束后的第二场聚会或小酌。——译者注

其有效性经过实证

师父用经营十二条成功经营了京瓷、KDDI，并在2011年重建了破产的日本航空（简称日航），令日航成功重新上市。更重要的是我们塾生企业也因为经营十二条获得了发展。

我也想验证一下“经营十二条是否真的能让企业良性发展”，于是成立了一家小型法人企业“会计村株式会社”。会计税务是个特殊的行业，而且事务所普遍规模偏小，真的能经营好吗？不辱使命，我入塾已经20多年，企业经常利润[1]率保持在10.9%～33.1%，常年超过10%，平均经常利润率为22.5%。此外，师父非常重视的、能体现企业抗风险能力的企业安全指标——自有资本比率，也超过了95%。

是经营的原理原则

有一次，师父对我们说了下面这番话。

“经营十二条是在任何时候都雷打不动、具有普适性

[1] 经常利润为毛利减去固定费用与非营业损益后的含税利润。——译者注

的经营原理原则。我是学理工科的，在我们眼里，发现事物的原理原则是研究的第一目的。只要能透过错综复杂的现象发现原理原则，大部分的问题都能得到解决。同理，只要牢牢掌握经营的原理原则，面对任何环境，企业都能坚如磐石，走上繁荣之路。”

“经营十二条”是经营的原理原则，我想，师父所说的“任何环境”包括以下具体环境：

- 经济是否景气。
- 所属行业。
- 时代（过去、现在、未来）。
- 地区或国家。
- 民族。
- 男女老少。
- 企业规模。
- 宗教。
- 文化。
- 身份，如员工、学生、运动员或家庭主妇。
- 领域，工作、事业自不必说，还有家庭、学习、体育竞技、兴趣爱好等众多领域。

囊括了师父的一切智慧

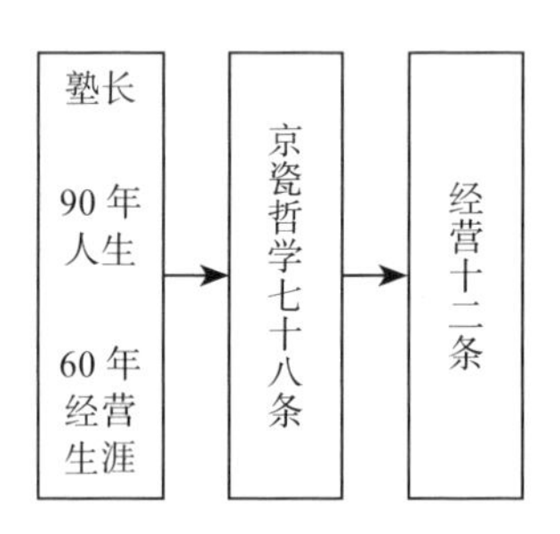

师父 90 岁离世。他 27 岁创立京都陶瓷公司（现京瓷公司），从事了约 60 年的经营工作。在经营过程中，师父经历了种种，其间常深入思考："这种时候应该这么想""事情要这么办，才能体现正确的人生态度"。师父把思考结果记下来，基于这些笔记总结出"京瓷哲学"，然后为了培养管理干部，将"京瓷哲学"进一步提炼为 12 个条目，形成了"经营十二条"。因此，经营十二条可以说凝聚了师父 90 年人生与 60 年经营生涯的所有智慧。

已经去世的第一任盛和塾事务局局长福井先生生前与师父是十分亲密的工作伙伴，不仅在京瓷，即使在盛和塾，福井先生也经常陪伴师父左右。据他说，师父的逸闻轶事一共有 8800 个，实际上师父所经历的应该远远超过这个数字。师父一年工作 5000 ～ 6000 个小时，连续干了

35 年，所以经营经验极其丰富。而这些经验都被浓缩在了经营十二条之中，可见十二条价值巨大。

即使不想，也会稳定发展

世间所有的买卖或事业可以分为五种类型。

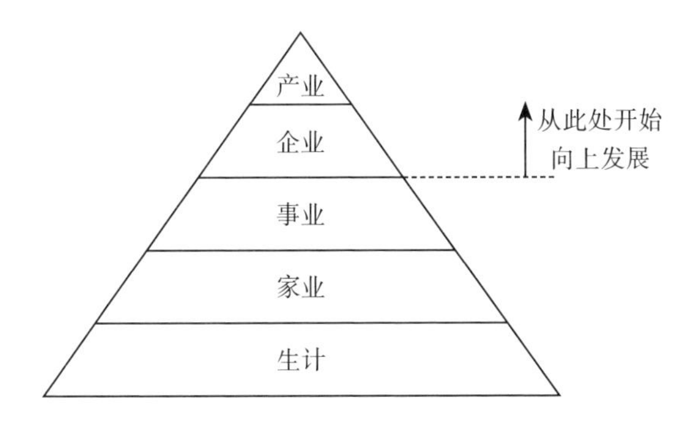

生计，即为了谋生而从事买卖；家业则由生计发展而来，组织家里的亲属或雇请少量帮手经营家庭作坊，这种形态就是家业；家业进一步发展，就会成为一般的经营组织，那就是事业；事业再次进化，过程中需要运筹帷幄，按规划行事，这种状态称为企业；再进一步，成为像师父一样创造新事物的经营体，就是产业。

使用经营十二条，经营必定稳步发展，不会停留在生计、家业或事业阶段，即使本人不想，也会逐渐发展到企业阶段。因此，我常常开玩笑地说，一旦认真学习、实践经营十二条，企业必将发展。所以，若不想成就优秀的企业，不想赚太多钱，不希望成为幸福的人，还是不要践行经营十二条为好。

能实现个人、家庭、工作全方位的幸福

经营十二条不只对经营事业有效。师父诉求的不仅是事业经营，还有每个人的人生幸福。一个人不仅在工作层面，在家庭和个人方面也要变得幸福，人生的方方面面都要圆满。个人、家庭、事业与中国传统思想中的“修身、齐家、治国”是一致的。

所谓经营，是践行“经”的意思，而“经”既指宗教中的经文，也指自然界的原理原则。

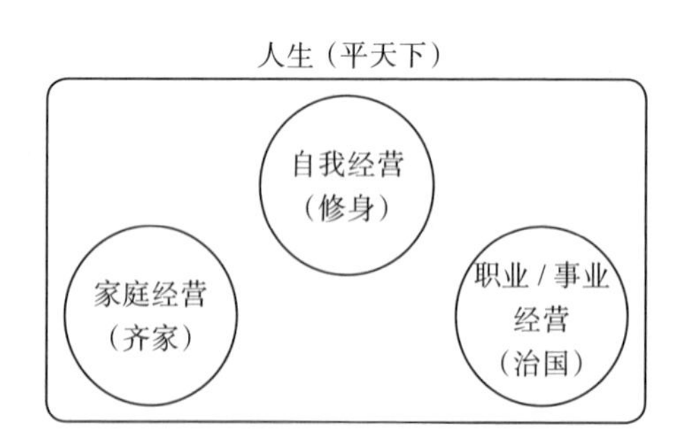

是无形而宝贵的

在我们身边有许多无形而宝贵的东西。例如，心灵看不见摸不着，但师父说过，对人而言，心灵是最重要的。此外，人活着每天都要呼吸空气，空气也是看不见摸不着的。人之所以能站能坐，是因为有地球引力，引力也是看不见摸不着的。像这样无形的事物当中，有许多宝贵的东西，其中之一就是经营十二条。

正因为经营十二条看不见摸不着，所以很难习得，习得后别人也很难偷走。虽然学习无形的东西很困难，但一旦习得，其他人很难模仿，所以学到就是赢了。

可像工具一般使用

我践行经营十二条20多年，已经习以为常。多亏如此，我能将经营十二条当作工具使用。用画面来形容，就好像我的脑中有从第一条到第十二条12个文件夹，每当听到师父的话或看见世间发生的事，我就会瞬间自动代入："这是第二条，那是第七条。"还有，我已经熟背经营十二条，不论何时何地，需要哪条都可直接使用。因此，每当有问题发生时，我能立刻判断"这是第八条""这是第一条"，像使用工具一样，用经营十二条解决问题或从事经营。

是安全、可放心使用的方法

像经营十二条这种万试万灵的优秀经营方法，很容易令人产生疑窦："这个经营方法这么厉害，会不会有很高的风险？"完全不存在风险，因为师父最重要的经营目的就是守护员工，决不允许任何风险存在。这种经营方式虽然需要比别人付出更多努力并投入钻研，但没有风险，请放心践行。

普通人也能使用

既然使用经营十二条能做出如此了不起的成果，是不是只有拥有特殊能力或具备良好环境的人才能使用？或许大家会产生这样的疑问。然而，师父创造的这种方法一般人也可以使用，完全没有问题。

能同时实现物质上的富裕与精神上的富足

这个特点想必是大家最喜欢的吧。我觉得，世界上大概没有人不希望得到精神与物质上的富足。在这个世界上，像微软的比尔·盖茨、特斯拉的埃隆·马斯克，经济富裕的经营者很多。与此同时，像释迦牟尼、孔子、特蕾莎修女一样实现精神富足的人也不在少数。然而，放眼世界，物质和精神两方面皆富足的人并不多见。师父作为《财富》世界500强企业京瓷的创始人，成就了京瓷和KDDI两家企业，不仅个人获得了巨额财富，还构建了以“京瓷哲学”为首的独特的稻盛经营哲学体系，所写的众多著作也治愈了许多烦恼者的心。

师父学习了中国的阳明学、儒学、佛学及日本的中村天风思想等众多哲学思想，通过自身验证使其从哲学变为为实践服务的实学。

世间有的人拥有庞大财富而不幸，有的人内心充实但贫穷，不是说哪种方式是好的，哪种方式是坏的，而是希望大家两全其美，物质与精神都富足。

是永续稳定发展的方法

在世界上，像流星一样昙花一现的成功者不在少数。我想，应该没有人只希望成功五年十年，任何人都想一直成功，一直幸福，我也如此。师父的经营十二条不是为了十年二十年的成功而准备的，而是能让成功一直保持下去，也就是能保持永续稳定发展的方法。

是一丝不苟的方法

前面讲了经营十二条许多优秀的特点，不过，它可不是嘻嘻哈哈、打打闹闹、轻轻松松就能做到的——师父说，世间不存在轻易成功的方法。经营十二条是严谨和朴实的，需要愚直、一丝不苟、诚恳的态度，因此，讨厌认真和朴实的人践行经营十二条，会觉得很困难。不过，既然经营十二条能让人如此幸福，愚直、朴实、脚踏实地地干一干也无妨，对吗？

我因为信任师父，愚直践行经营十二条已 20 多载，从践行的第 7 年开始感觉到成效，从那以后，我的事业稳步发展，人生美满。身边的人都给我贴上“认真、诚实、勤勉”的标签。其中，有些人认为不必那么努力，觉得我的努力是不正常的，但我对“付出不亚于任何人的努力”没有感到任何痛苦，也不曾因为过劳导致身体垮掉或病倒。这 20 多年来，我每年的体检报告都显示我的身体没有任何异样，吃什么都吃得很香，我每天都还要美滋滋地喝一点啤酒。我的事业和家庭都很安稳，尽管我年过六十，但在中国举办讲座时常一站就是两天，身体也没有任何问题。我总是精神抖擞的，看起来也十分年轻。

因此，不要一开始就断定自己讨厌认真和朴实，而是要动手做一做，或许，你会发现自己乐在其中，请一定要尝试一下。

第二章 从宏观层面理解经营十二条

塾长常说“要宏观与微观兼顾”，意思是既要把握整体，纵观大局，也要重视现场，注意细节。诚然，从第一条开始逐条学习经营十二条十分重要，然而，若能把握经营十二条的整体结构，厘清各条之间的关系，将对深入理解经营十二条、深化实践更有帮助。我自己便是如此，通过掌握整体结构而对经营十二条的重要含义有了进一步理解。当我们在理解上取得进展时，就能更深刻地体悟，经营十二条也就能深深地铭刻在自己的脑子与身体里。正如我在前面讲述的经营十二条的第 10 个特点，我的脑子里就像有一套经营十二条的文件夹。之所以能做到这一点，也是因为我对经营十二条有宏观层面的理解。

这种对经营十二条的宏观理解，完全是我个人的看法，如果能给大家带来一点参考价值，我会感到十分幸福。

首先，经营十二条的前半部分，即第一条到第六条，是针对具体实务的；而从后半部分的第七条起，就是针对精神方面的，最后的第十二条是塾长用因果法则即“人生方程式”做出的总结。

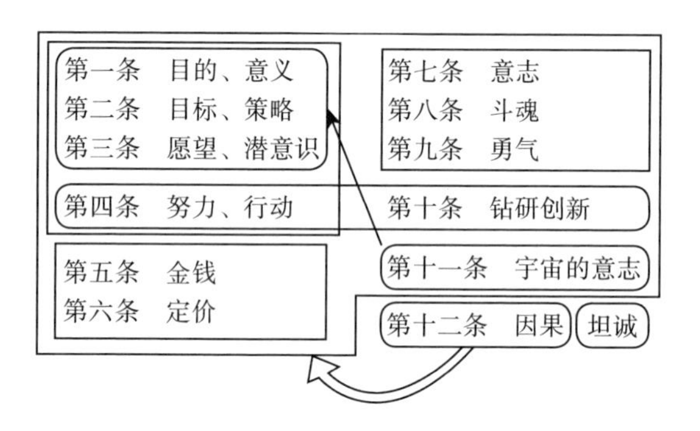

如上图，第一条目的、意义，第二条目标、策略，第三条愿望、潜意识，第四条努力、行动，第五条金钱，第六条定价，第七条意志，第八条斗魂，第九条勇气，第十条钻研创新，第十一条宇宙的意志，第十二条因果与坦诚。

第一条是目的、意义，也就是“为了什么”。企业存在的理由，工作被需要的理由——对这样的问题，我们要能立刻回答上来。若我们不明白自己每天从事的工作的意义，又怎么能够成功呢？目的、意义就是让人自豪的东西，让人产生使命感的东西，也可以说是一个人的志向。倘若目的、意义不清晰或层次不高，我们就无法发自内心地努力，稍微辛苦一点就会放弃。

第二条是为了实现第一条而制定的策略。塾长用“愿景”这个词表达，它也表现为数字目标和行动目标。举个例子，假设制定了10亿日元的目标，然而，若只知道销售金额10亿日元，却不知道该怎么达成，人就不知何去何从。因此，需要明确由谁、用什么具体方式、在什么时间之前达成目标。如果目标是10亿日元，就必须有能创造至少10亿日元销售额的具体行动。因此，第一条与第二条是一组。

接着第三条是将第一条目的、第二条目标放进自己的愿望里。一个人若对某事物没有发自内心的渴望，该事物就很难进入他的潜意识，也就无法实现。也就是说，人类大多数行为由潜意识操控，而要想调动潜意识，产生行动，就需要将要实现的目标变成自己的愿望。一旦目标变成愿望，人就会日思夜想，自动行动起来。因此不必刻意觉得“必须努力”，也不必将行动当成义务，只要心有所愿，身体就会自动行动。总之，只要将目的、目标变成愿望就好。在我看来，第一条至第三条同为一组。在这里，关键在于不要把目的、目标视作义务，而是把它们变成愿望。

接下来是许多塾生都望而生畏的第四条“付出不亚于任何人的努力”。塾长说过：“不是拼命努力，而是付出不亚于任何人的努力。”可见这里的“努力”非比寻常。盛和塾塾生之间有个不成文的共识，把一年工作5000个小时作为努力的标准，原因是听说塾长每年工作5000～6000个小时，并持续了35年。虽然不知道塾长具体工作多少小时，但据塾长说，他经常夜以继日地工作，常常和员工工作到半夜，甚至通宵达旦。从早晨6点工作到半夜12点就是18个小时，按照这个节奏，一年365天不休息，就是6570个小时。因此可以推测，塾长的工作时间每年至少在5000～6000小时。在如此繁重的劳动下，如果把第一条目的、第二条目标仅仅当成义务，认为"必须这么做"，不用一年，身体就会垮掉。因此，如果不产生"无论如何也要做"的强烈愿望，任何人都做不到"付出不亚于任何人的努力"。如果能做到，第四条和第一至三条也能成为一组。

既然从事经营，陷入亏损肯定会令人头疼，所以经营企业一定要有利润。利润越高，就会变得越富足。第五条可以说是与钱相关的。人穷百事哀，一个人没钱，很难谈得上幸福。当然，只有钱也不见得幸福，但没有一定程度的富裕，保障生活无忧，人很难有幸福感。

那么，怎么才能获得金钱呢？去借、去要、去捡、去偷、去骗……这样当然也能得到金钱，然而，没有不需要还的借款，也没有人一直给你送钱，更不会天天有钱捡，去偷去骗只会沦为罪人。另外，还有投资这一手段——在师父的思维方式里，就不曾把投机股票、房产视作投资。由此可见，唯有工作，唯有通过经营盈利才是获得金钱的王道。

所谓经营，就是耗费一定费用，获取一定的销售额。销售额与费用之间的差即为利润，从利润中扣去纳税的部分，剩下的就是赚到的钱。"销售极大化，费用极小化"，师父的思路就是如此简单。不论从事何种经营，只要"销售极大化，费用极小化"即可。

钱代表着价值。师父告诉我们，定价不是在成本的基础上加上利润，而是依据价值定价。提升价值就是提升定价。这里的价值包含品质、技术、交货期、服务（哲学）、价格。第六条讲的是如何经营才能实现有利的定价。

以上是经营十二条的前半部分，接下来进入后半部分。

后半部分的第七至九条讲的是意志、斗魂、勇气，属于精神层面。意志是内在蕴藏的力量，斗魂则是向外爆发的力量，而勇气为第七条、第八条输送能量，这么去想的话更容易理解一些。我刚入塾时分不清这三条之间的区别，所以用这样的方式自行解读。当时我曾向盛和塾事务局的福井局长确认这种想法，并未遭到否定，于是一直沿用至今。

第七条意志是指无论遇见什么都不放弃、坚持不懈的行动力，第八条斗魂是面对强大的竞争对手、地震等天灾、火灾、疾病、经济萧条等时绝不屈服的斗争心。

此外，师父说过，没有第九条勇气的人请辞去领导的职务。因为一旦有问题发生，领导者需要研究解决，然而，即使判断正确，是否能依照判断执行与此人是否具备勇气息息相关。因此，“勇气”对经营者而言绝对是必不可少的。

接下来是第十条钻研创新。塾长说过，第四条的努力要求的是踏踏实实地埋头苦干，很容易让人感到厌烦，所以要用第十条一边琢磨一边干，这样就能让努力提速。所以，第四条与第十条是一组。第十条指不被既有观念束缚，拥有独创性，重点在于有意注意，即带着目的去注意。

第十一条讲的是关爱、诚实、皆大欢喜。换个词语表示，关爱即爱，诚实即真诚，皆大欢喜即和谐，不是吗？发现这一点时，我顿悟，这不就是塾长常说的“宇宙就是爱、真诚与和谐”吗？我想，第十一条体现的是宇宙的意志。在中国报告会后的恳亲会中我与塾长同席，于是询问：“经营十二条的第十一条是否在讲述宇宙的本质？”塾长微笑颔首，我心下大喜：“果然如此。”

所以，只要遵循宇宙的本质来确立第一条目的、第二条目标、第三条愿望，经营就会与塾长经营哲学中所说的宇宙的意志相一致、相和谐，就必然能成功、幸福。

最后，第十二条写的是“时刻保持乐观开朗，怀抱梦想与希望，坦诚处世”。然而，为什么必须“时刻保持乐观开朗”呢？原因是如果不乐观开朗，在因果法则的影响下，就会产生相应的结果。没有乐观开朗的因，哪来积极光明的果？因此，可以说第十二条本质上在遵循着“因果法则”的诉求。

稻盛经营哲学的根本是人生方程式，在该方程式中，因果中的“因”被分解为“思维方式”“热情”“能力”，只要这三个“因”是正确的，结果也会是正确与美好的。

所以，第一条到第十一条写的是给经营与人生带来成功的因，只要能够正确践行第一至十一条，因果法则就会发生作用，我们就能得到幸福。

最后，师父用“请不要怀疑经营十二条，以坦诚之心去相信、去践行，把我的东西先全部接受下来”进行了总结。

剩下的就是下定决心，相信经营十二条——经营的金科玉律，誓言笃行，把它们转化为一个个切实行动。

第三章

从微观层面理解经营十二条

第一条

明确事业的目的和意义

——树立光明正大、具备大义名分的崇高目的

塾长曾经遇到过一个重大事件，导致他重新深刻思考经营企业的目的与意义。这个事件可谓他人生的分水岭。

师父在 27 岁时创立了京都陶瓷公司，翌年四月，他遭遇了 10 位高中毕业的员工的反叛。这些员工把写下的血书放到师父眼前，要求师父承诺未来五年给他们提高待遇，加薪加奖金。师父在公司里与他们谈判无果，于是将他们带到自己的住所，极力劝说了三天三夜。最后，师父对员工提出的具体要求虽然无法承诺，却说出了“如果我不为你们考虑，你们可以杀了我”这样的话。这些反叛员工的首领看见师父把话说到这个地步，只好无奈接受。然而，就在那个夜晚，塾长后悔了：“为什么我要说这种话？”自己明明连故乡鹿儿岛的亲兄弟都照顾不了，却要照顾这些非亲非故的员工，背负他们的未来。师父越想越

懊恼，彻夜未眠。但是，天快亮的时候，师父做了一个决定：“既然话已经说出去了，没有办法收回，干脆下定决心，为员工而努力！”于是，他硬生生地将京瓷原本的经营理念“让稻盛和夫的技术问世”变成“追求全体员工的物质与精神两方面的幸福”。然而，只有这一点的话，就会变成小集体利益，于是又加上了“为人类社会进步发展做贡献”。

这一经营理念最终成为师父经营京瓷、KDDI、日航的宗旨，同时师父说过，不管从事什么经营，这都是最佳理念。

“我为了什么从事这份工作？我为了什么而活着？”一个人需要明确工作与人生的目的与意义。而且，这个目的应该在任何人听来都是美好且高次元的。我进入盛和塾的时候，曾经听说第一条占了经营十二条整体的50% ～ 80%。不清楚第一条的含义，就不明白第二条及之后各条为何存在。师父曾经斩钉截铁地说，人生、人活着的目的就是提高心性，所以盛和塾的口号是“提高心性，拓展经营”。

什么是目的、意义

简单地说，目的、意义就是“为什么需要这份工作”“为什么需要这个企业存在”，就是“我为什么而工作”“我的企业为什么而存在”，里面的“为什么”就是目的。当被问及自己的工作、自己的企业存在的理由时，你能够即刻答得上来吗？如果不能，经营就不能顺利发展。

一般来说，目的、意义也被称为经营理念、社训或经营方针，不少企业将它们写成牌匾，挂在社长办公室或者会客室里。若社长能清晰地理解牌匾上的话语还好，可有的时候，这些话语是由前任社长提出的，当下的社长并不太理解，或者尽管可以做一定程度的解释，却无法理解个中三昧。师父强调，必须扎扎实实地从这里着手，否则企业很难得到良好发展。反过来说，能深刻理解企业经营的目的，企业就会顺利发展。

确立什么样的目的

塾长常说，需要尽量提高目的的层次。目的和意义必须可以向任何人公开，让任何人都容易理解、愿意接受。“光明正大”指的就是无不可对人言、无令人蒙羞之处，是堂堂正正的。“崇高的大义名分”指的是美好、高洁、至善、具有高义。

我曾经从别人那里听到过一个关于义的繁体写法“義”的解释，十分喜欢，分享给大家。“義”上写作“羊”，下写作“我”。据说“羊”乃高贵、宝贵、美好之物，不是寻常印象中软弱可欺的绵羊，而是有着巨大犄角、勇猛强壮的领头羊。强壮的领头羊引领羊群，保护羊群。当狼来的时候，领头羊会为了保护羊群而勇敢地挡在前头，拼死搏斗。“我”要做这样卓越的“领头羊”，这就是“義”的含义。因此，“大義”指的是将这种“领头羊”精神进一步放大。

提高目的的层次

塾长曾嘱咐我们，尽可能提升经营理念、目的、意义的层次。塾长自己也常说，“身为经营者，我所做的就是每天不断提升理念”。这里的理念指的是思维方式、哲学、思想、心灵状态。换一种表示方式的话，就是放大利他之心。

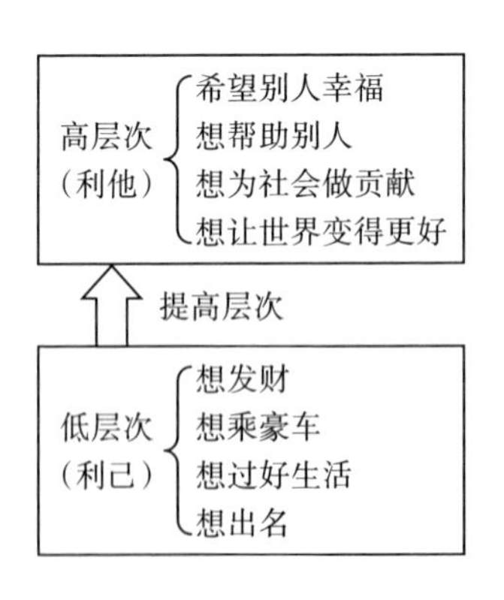

如上图所示，自己过上好日子，扬名立万，是以利己为中心的低层次心灵状态。提高层次，就是期待经营者从这种低层次的心灵状态转变为乐于助人、为社会做贡献等从利他心出发的高层次心灵状态。这样既能赢得他人的追随，又能赢得客户的满意。塾长说："为社会为世人尽力是人最崇高的行为。"在这个世界上，在众人之中，离自己最近的人是自己，站在"自己"的位置上看身边的亲人，亲人也是别人。所以，为了亲人，在自己看来是利他，然而在亲人之外的人看来则是利己。就像这样，利他的层次可以按照自己、亲人、员工、客户、合作伙伴、地区、国家、世界、地球乃至宇宙的顺序逐步提升。其中，你的经营要为哪个层次做贡献？然后，在多长时间内做贡献？时间可以分为今天一天，也可以是1周、1个月、1年、10年、30年、未来等几个阶段。经营者不能漫无目的地经营，而应仔细思考，明确经营的具体目的，并相应调整策略，这就是"提高层次"。

在此，我们试着用塾长的企业经营理念对照下图。"追求全体员工的物质与精神两方面的幸福"，即为了从自己到员工的未来与幸福；"为人类社会进步发展做贡献"，是为了客户乃至宇宙的未来做贡献。由此可见，塾长经营事业的目的、意义涵盖了下图中的所有对象。

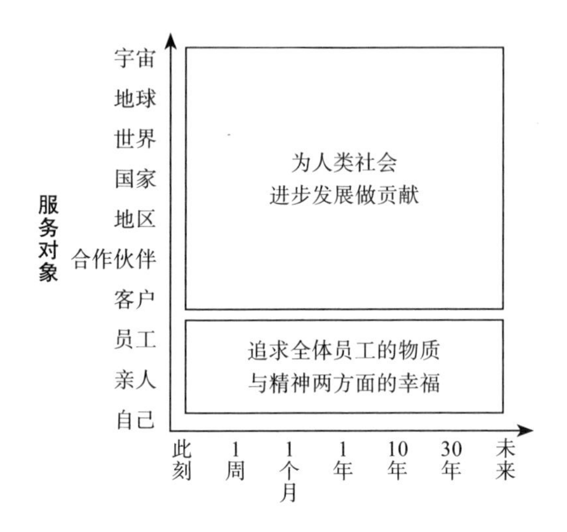

由此得出我们经营目的的范本应包含下面两点：

- 追求全体员工的物质与精神两方面的幸福。
- 通过企业的业务为人类社会进步发展做贡献。

如此也可以理解，为何不少塾生把塾长的经营理念直接拿来用，而我的企业的经营目的虽然在文字描述上与此略有不同，但内容依旧是这两个诉求。

乔伊·奇克夺取奥运金牌的意义

2006 年都灵冬季奥运会上，美国男子速滑运动员乔伊·奇克在 500 米速滑中获得金牌。而在此项目中原本备受瞩目的日本运动员清水宏保却只获得第 18 名。读到这个新闻，我有些不甘，但还看到了奇克的另一则新闻。

在决赛前夕，奇克躺在宿舍的床上，望着天花板自言自语："我明天为了什么而滑？""我拥有得天独厚的脚力，要用它获取金牌，将奖金捐赠给那些在大屠杀中幸存的苏丹孩子。我要以金牌得主的号召力为世界和平而行动。"

读到这篇新闻，我分外感动。奇克不是为了自己，也不是为了自己的国家美国，而是为了救助其他国家的孩子而争夺冠军。读了这篇报道，我也产生了给奇克加油的想法。当一个人提升做事的格局，身边就会出现支持他的人。一般来说，运动员争夺金牌的目的也有若干层次，如扬名立万、报答父母的养育之恩，回报教练的栽培，或者为了队伍、为了国家等。然而，奇克追求的是更高的境界，这就是塾长所说的提高层次。

要想提高目的的层次，就要追问目的的目的

在世间，有的人常常将目的与目标混为一谈。在这里举个例子，譬如一位高中生正在埋头苦学，假设问他："你为什么能这么勤奋？"他回答："为了上名校。"这时他学习的目的是上名牌大学。再问："为什么要读名校？"他回答："为了可以找到好工作。"这时他学习的目的是找一份好工作。再问："为什么想找份好工作？"他回答："好

工作能让我找到价值感，而且待遇好，对找到好的伴侣有帮助。”这时，学习的目的变为找到价值感和创造好的婚姻条件了。继续问：“为什么？”对方回答：“为了度过幸福的人生。”像这样不断追问目的的目的，就能找到最终的目的。

从身边开始思考

然而，若你对自己的目的依然不太清楚，大可以按照下面的思路去思考。在塾长的经营哲学看来，一个人的最终目的，即人生目的、活在世上的目的是“提高心性，拓展经营”中的提高心性，而拓展经营则是客观结果，即幸福本身。所谓经营，是对整个人生的经营，包括自我经营、家庭经营、事业经营三大部分。塾长不仅通过践行京瓷哲学经营事业，还致力于每一位员工的人生幸福，因此，如此理解也不为过。那么，幸福到底是什么？人们常对幸福的概念模糊不清，对每个人而言，幸福的体现也不尽相同。有的人年轻时经历过一贫如洗，于是将攫取财富视作幸福；有的人在人际关系上吃过苦头，于是宁愿不要钱也要人际和谐，把良好的人际关系视作幸福。我们从塾长身上学到的幸福是什么呢？在我的印象中，塾长似乎并不曾具体地指出过“这个（样）就是幸福”，但是，只要一一实践塾长对员工及塾生的教导，幸福就会逐渐呈现在眼前。

我认为，鼎鼎大名的马斯洛需求理论比较接近塾长的幸福观。

- 能获得社会平均水平的薪资，过上普通人的生活。
- 保持稳定的生活直至退休。在人生的最后阶段依然能安然度过，为此，自己所在的企业需要保持稳定发展。
- 与组织、家庭及朋友关系和谐。
- 自己的存在被认可，行动被看见，并得到恰当的评价。
- 收获成长与价值感。
- 为他人做贡献，赢得他人的感谢。

只要是人，不分国家、地区、文化、宗教，大抵都想得到上述六点的满足，这与塾长给员工提供的相一致。因此，把获得这六个层面的满足作为幸福，以此作为经营的目的，大概比较容易理解。我自己就是一直这么走过来的，制定的目的、目标都十分简单明了，容易理解。

寻找目的的方法

不过，话虽这么说，还是有人迟迟找不到自己的目的。这时或许可以参考下面的方法。

（1）寻找导师。

我遇见塾长后，为他崇高的人格所倾倒，于是下定决心，一生追随他。虽然我只能望其项背，但竭尽全力效仿，哪怕只能做到一点点。所以，自然有了“让事业稳步发展，尽量多纳税，尽可能做个对社会有贡献的人，捐钱捐物，从事志愿工作，构建和谐幸福家庭”的想法。只要追随我的导师——塾长，自己的目的就自然而然变得越来越清晰。

（2）走出门去，才能遇见。

一动不动地待在家里闭门造车是不行的，我觉得主动走出门去历练与邂逅非常重要。在我遇见塾长前，工作、家庭、生活无一不遭遇挫折。我强烈地想摆脱困境，打开突破口，于是去参加各种培训、研讨会、讲习会等，拼命学习，最后终于遇见了塾长。起初看见塾长，是在《朝日新闻》上读到关于塾长的报道，塾长和尚打扮的照片吸引了我。细读之下我注意到里面的“利他”之语，“原来这个人也诉求利他，他一定是个高尚的人……”我一边想一边继续阅读，还读到了关于盛和塾的信息。接着，在与一位共事的前辈喝酒时，他提到自己是盛和塾塾生，于是我立刻请他推荐我加入。过了一阵子，我所在地的盛和塾代表世话人[一]面试了我，我很快便获准入塾。接着我开始了对塾长“追星”[二]。就这样，我去了很多地方，遇见了许许多多的人，学到了许多东西。这使得我的目的变得更加明确。

（3）探索天命。

想必各位都听过“天生的命运”的说法。其实没有人能够证明是否真的存在命运。假使存在的话，一个人沿着上天赋予的命运即天命活着，就是在实现自己人生的目的吧。

然而，如何寻找自己的天命呢？每个人都有天生的气质、个性、特长与爱好，将这些天赋充分发挥，就是自己在这段人生中的天命。这么想来，一个人做与自己性格相符的事情比较不费力，做符合自己特长或爱好的事更容易进步和做出成果。我也有拿手的事和不擅长的事，做不擅长的事不但无趣，也难以激发努力的意愿。不过，琢磨研究、总结提炼似乎很符合我的性子，在准备税务师资格考试时，我也没有死记硬背专业学校发的教材与参考资

[一] 世话人是盛和塾对理事团队成员特有的叫法，意指“照顾别人的人”，因具有特定含义，特此保留原称呼。——译者注

[二] “追星”是日本盛和塾特有的现象，指一群充满学习热情的塾生追着稻盛塾长在全日本乃至全球参加盛和塾组织的各种学习活动。——译者注

料，而是在学习中自行思索、总结出自己的复习材料。提炼总结虽然需要耗费时间，但其实有很大的好处：经过总结，对学习内容能充分理解，而且不易遗忘。多亏采用这种复习方式，我的成绩得到了显著提升，很快就合格了。对于塾长所教的经营十二条也是如此，我自行琢磨，身体力行，“原来这一条是这样的”，将自己的心得体会总结起来，积攒的心得越来越多，笔记越来越厚。我在其他塾与一些定期的学习会中举办讲座已经超过 15 年，而这些心得体会成了我讲课的讲义，还被编辑成书出版。我想，这就是我的天命。

（4）探索目的的目的。

在前面第 5 点已经讲过，在此不再赘述。

（5）马斯洛需求理论。

在前面第 6 点中已经说明，在此不再赘述。

（6）让人们欢喜。

厨师用美味佳肴让人们感到幸福；有的人喜欢天马行空的想象，喜欢写故事，想成为小说家，将更多人带进幻想的世界——如果你没有类似的具体目的，可以先把“让身边的人欢喜”设为目的。只要有“让身边的人欢喜”的想法，你自然会面带笑容，态度亲切，对工作认真细心，在讲话时也会考虑周全，并经常注意到他人的需要。这样会发生什么？你将赢得身边的人的喜爱与信赖，人们也乐意将事情交给你来做，只要不负所托，你就会被赋予新的职责。所以，可以将“让身边的人欢喜”作为自己的目的。

（7）对眼前的事尽心尽力。

这条看似与上一条相似，不过偏重于做任何事都尽心尽力。这样的你将给周围的人带来“这个人总是十分勤奋”的印象，人们也愿意将事情交托给你。只要持续对工作或别人交托的事尽心尽力，久而久之，那些事自然就会成为你的目的。

日本战国时代有三位赫赫有名的武将，分别是织田信长、丰臣秀吉和德川家康。丰臣秀吉建造了大阪城，留下了许多脍炙人口的传说。他出身于贫寒的农户，原本只是一介看管鞋子的小兵。然而他心怀感恩，即便是看管鞋子的工作也绝不掉以轻心，不停精进，最后得到了上峰认可，晋升为看管鞋子的头目。他带着感恩进一步努力，后来被赐予一块小小的领地，成为一个小小的大名[1]。他依旧秉承感恩之心，不遗余力、诚心诚意地辅佐织田信长，最终成为人人传颂、威震天下的大名，可谓一人之下万人之上。在主公织田信长被打败后，丰臣秀吉镇压叛乱武将，夺取了天下。从这个事例可见，一边心怀感恩一边尽

[1] 相当于地方诸侯。——译者注

心尽力做事，往往能获得巨大成功。

（8）比照良知。

塾长说，人人心中都有良知。在心灵的正中央，人人都有一模一样的真我，即爱、真诚、和谐，那是真正的自己，美好而纯洁，在其周围围绕着良心，即良知。

这个良知也被称为理性。当人起什么歪心邪念时，良知就会站出来阻止、谴责，所以，只要基于良知行事，就能不偏不倚，做出正确的判断。对于自己的经营目的，我们可以基于良知的反应，判断是否具备大义名分。在确定目的后，不知何故心情不爽利，心里不安，那么，该目的就可以被认为是不正确的；如果心中感到难以言表的清爽平和，该目的就可以被认为是正确的。在三十多岁前，我常常感到情绪低落、内心焦躁不安。那是因为我做了不正确的事，或者企图按照对自己有利或以自我为中心的方向行进，或者基于与塾长所教的思维方式相悖的想法行动，所以良知在指出我的错误。在遇见塾长后，我学到了正确的思维方式与人生态度。自那时起，我过去糟糕的情绪和不安感逐渐消失了。我想，这是因为我的思维方式和人生态度都依循了师父所讲的“天道”。

（9）人生只有一次。

塾长常说，人生只有一次，不能重来。所以，必须认真思考该怎么度过自己的人生。既然人生只有一次，就一定要幸福。幸福不是权利，而是义务，所以，对不可重来的人生或经营的目的都要慎重考虑。譬如，学生对最后一次考试都会很重视、很认真，运动员对最后的比赛也会严阵以待。人生只有一次，结束了就不会重来，你打算怎么度过呢？

（10）意识到死亡。

以前我看过一部电影，叫作《我和妻子的 1778 个故事》。电影中的妻子被宣告只剩数月生命，医生告诉她，多笑的话，免疫力就能提高，或许能够治好癌症。丈夫无论如何都想治好妻子，于是每天写故事逗妻子笑，就这样一天又一天，他坚持写着那些故事。各位，如果你听到自己的伴侣只剩下几个月的生命，你会怎么做呢？或者，当听到自己只剩几个月的生命，你又会怎么做呢？或许有的人会自暴自弃，行荒唐事，可这种时候，不是更应该认真思考怎么度过人生中仅剩的宝贵时间吗？在奥斯维辛集中营里曾经有这样的故事：一位即将被执行死刑的囚犯将自己最后的早餐面包送给朋友。把自己人生中最后的食物送给别人，这是因为人类自有美好的人性光辉。假如按照师父所说，人的一生有 80 年，我剩下的人生还有 18 年。我希望珍惜这剩余的 18 年时间，尽可能多为别人做贡献。

意识到死亡的存在是非常重要的。

无论从事什么工作，都需要有志向

有的人认为刷盘子、管理停车场之类的工作是打杂，因此提不起劲儿，或因为没有被分配到称心如意的岗位而离职。这么做真的对吗？举个餐厅里刷盘子的例子。譬如，一个人本来想做个能做出美味佳肴的厨师，才到餐厅就业，然而，他并没有机会做菜，而是被安排去收拾桌子，刷盘子。就这样日复一日，他逐渐对刷盘子的工作感到厌烦。可是，这么想对吗？饭菜只有装在盘子里才会成为佳肴，如果直接堆在桌子上，谁也吃不下去。因此，刷盘子其实是一件很重要的工作。如果对刷盘子的工作不重视，或许盘子上还沾着一点洗涤剂，也会直接拿给顾客使用。然而，假如把它们当成自己的孩子或爱人进食的餐具，你必然不会漫不经心，而会仔仔细细地清洗干净。

我还从一位曾经在迪士尼乐园工作的人那里听说过一个故事。那个人本来想在迪士尼乐园里的仙履奇缘童话大厅、幽灵公馆之类的游乐项目工作，却被分到停车场。他十分沮丧，完全没有心思工作。半夜还没开园，等待入场的轿车已排成了长龙，前辈叫他到队列第一辆车那里去看看。他不情愿地走近一看，那是一辆挂着九州车牌的小轿车。这辆车竟然来自遥远的九州……他不禁向车内看去，车后座上的孩子正在睡觉，母亲坐在副驾驶的位置上，父亲坐在驾驶位。父亲似乎没有睡，发现了管理员，两人攀谈起来，才知道那位父亲整晚没睡，一直在驾驶。他说："孩子从很久之前开始就吵着要去迪士尼乐园，我因为工作忙，一直无法休假……后来好不容易有了假期，又没有钱坐飞机或乘新干线，只好开车过来，这样比较省钱。不过，孩子会玩得很开心吧。"听了那位父亲的话，这位停车管理员心想：这一家子满怀期待而来，我得让他们高高兴兴地回去。后来，他还把这件事情热情地讲给迪士尼乐园里的工作人员听。他意识到，停车场管理员是一个重要工作，因为停车场管理员是第一个接触游客的人。

获得个人、家庭、工作等全方位的幸福

人生的目的是提高心性，即放大利他心。所谓放大利他心，就是成为善良、随和、有爱的人，这样就能家庭和谐幸福，事业称心如意。在中国的传统文化中，有修身、齐家、治国之说，就是修行自身、和谐家庭、成就事业。同样，人生的目的就是在各方面都获得成功，变得幸福。

不是为了赚钱，而是为了做贡献

经营的本质是什么？或许有人误以为是"赚钱"，然

而，从塾长教导我们的思维方式来看经营的本质，经营是一种利他行为，因此，经营不是为了赚钱，而是为他人、为社会做贡献，而盈利是做贡献的客观结果。我所在的组织 TKC[一]的创始人饭冢毅先生曾经一语道破经营的本质："经营即做人，就是实现自利利他。"在我 32 岁刚创业的时候，并不知道经营的本质，通过塾长的教导，理解了经营的意义。从事经营的人切勿从一开始就错误地认为经营的目的是"赚钱"，若一开始就弄错，经营之路必然险阻重重。

志向不是野心

野心和志向看起来很相似，实则大相径庭。人不应该拥有野心，而应该拥有志向。野心的意思更倾向于野望[二]，有一种"不顾他人、只顾自己"的感觉，是一种利己的想法，是基于塾长常说的"利他"的反面——利己的愿望。因此很遗憾，拥有野心的人常常大起大落，命运多蹇。与之相反，志向的"志"字为"心"上有"士"，有优秀、立于高处之意，是基于利他心的愿望。塾长的"提高心性"也可以理解为"提高心志"。

㊀ 日本最大的会计师组织。——译者注

㊁ 日语中的一个词语，意思是不合身份、离谱的愿望。——译者注

幸福不是权利，而是义务

人生的目的可以说是获得幸福。“幸福不是权利，而是义务。没有什么波澜万丈的人生”“人生只有一次，不可重来，所以人必须幸福。身为经营者的诸位更要幸福，而且必须幸福。”所以，我们必须幸福，不幸福的话，就辜负了塾长的教诲，对不起塾长。我们必须在方方面面认真学习，绝对要幸福。

让员工幸福

塾长说过“让员工幸福，没有比这更为优秀的使命”，这是塾长从 60 年经营生涯中得出的结论。正是坚决以员工幸福为企业经营目的，塾长才被誉为“经营之神”，取得了巨大的成功。然而，这个目的看似简单，做起来却非常困难。尽管如此，请不要放弃，踏踏实实地干下去，珍惜员工，期盼他们幸福，培养他们。只要坚持下去，员工就会追随你，并且成长起来。孩子成长了，最高兴的是父母，同理，员工们成长，最高兴的是付出心血培养员工的经营者本人。

第二条

设立具体目标

——所设立的目标与员工共有

第一条明确了事业的目的和意义，接下来，为了实现目的和意义，需要描绘愿景、制定策略，即绘制到达终点的路线图。只要设立具体目标，实现目标与员工共有，就能形成合力，构建强有力的组织，这样就会让业绩提升，成果硕然，人生幸福——这就是塾长所说的“改变身处的世界”，经营、人生皆圆满欢喜，可谓极乐。

什么是具体目标

1. 行动目标是因，数字目标是果

目标分为两种：一是数字；二是实现数字的行动。行动目标是因，数字目标是果，两者密不可分、缺一不可，因此，制定目标时需要数字目标、行动目标两手抓。譬如，制定数字目标100，想要100的结果，就必须有至少足以创造 100 的结果的行动，否则不可能得到 100 的结果。

数字目标要依据 P/L 和 B/S[一]制定。利润表中的经常利润率至少要达到 10%，资产负债表中的自有资本比率则要达到 50%。报表要能具体反映销售额、费用、利润的情况。

塾长告诉我们，经常利润率至少要达到 10%，否则经营就不成立。我觉得人均经常利润金额为 100 万日元，人均自有资本金额为 1500 万日元，或许可以作为企业发展的标准。

要想构建稳定发展的稻盛式经营，企业若不能达到人均经常利润金额 100 万日元（P/L），人均自有资本金额 1500 万日元（B/S），就很难实现员工物心双幸福。原因是当满足人均经常利润为 100 万日元时，税后利润约为 70 万日元[二]，持续 20 年就有 1400 万日元，即可存下接近标准的金额。但现实中，企业不能只存钱，还需要支付各种费用，所以很难真正存下钱来。另外，员工要想过上幸福的生活，年收入至少要达到 500 万日元。因此，如果人均经常利润不能达到 100 万日元，企业就没有余地给员工加

[一] P/L 指利润表；B/S 指资产负债表。——译者注

[二] 所有的数字计算均按照日本税制及实际情况，下同。——译者注

薪或对员工的成长进行投资。举个例子，销售额为100亿日元、经常利润为10亿日元的企业看似盈利不错，可如果有1万名员工，人均经常利润只有10万日元，企业就很难让员工幸福。

行动目标必须具体，且人人都能一目了然。目标不具体，就无法共有。塾长还说过，“不要靠猜测，而要凭借意志与热情制订计划”。所以，月度决算表、年度决算表都是计划实施的结果，是展现经营者意志与执行力的考核表、成绩单。

2. 目标不是义务，而是愿望与意志

目标即愿望。塾长常让我们用愿望替换目标。仔细观察，你就会发现，有的经营者的目标并未反映其愿望。举个例子，有的人听见前辈经营者做到行业第一，于是自己也想成为业界第一。然而，在他心中，真的想成为业界第一吗？若是真的倒无妨，可是，若只是因为别人是第一，所以自己也要当第一，目标就会变成了义务，而不是反映自身的愿望。

塾长所说的愿望，绝不是“希望或期望”，也不仅是“强烈的愿望”，而是“强烈而持久的愿望”，经营者必须具备这种程度的热情。我们的愿望如果无法达到这种程

度，就无法实现第四条“付出不亚于任何人的努力”。“付出不亚于任何人的努力”也只有在“强烈而持久的愿望”的加持下才能实现。

塾长说，愿望里充满了梦想，是让人一想起来就热血沸腾、情不自禁苦思冥想的东西。一旦有了愿望，“我可以这么做，可以那么做”之类的想法就会不由自主地在脑海里涌现，所以塾长才说“愿望是人生起飞的起跳台”。

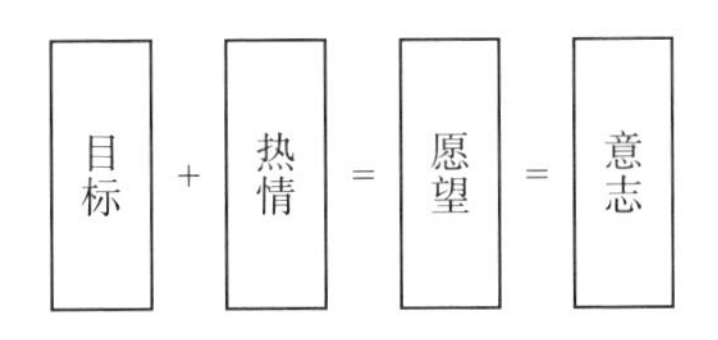

3. 目标即策略

不论踢足球还是打乒乓球，如果没有制定策略，就无法与对手一战。在面对比赛时，分析对手，获取大量情报，制定战略战术；彻底分析对方队伍中的每个选手的能力、特点、打法与优劣势，制定策略以赢得比赛。

经营企业同理。为了提升业绩，实现盈利，需要细致周到的筹划。筹划为“企”，行动为“业”，所以称为“企业”。我们经营者为了幸福，需要严密的谋划。经营不同于一般工作，糊里糊涂地干可不行。从这个角度看，经营计划书就是策略书。

4. 以山顶为目标

塾长常说："你到底想爬什么山?"我们不能漫无目的地登山，而需要明确自己想攀登什么山。因为所攀登的山不同，登山策略也会相应变化。爬家附近的小山，穿日常的鞋子也无所谓；然而，若想攀登日本最高的山——富士山，就必须穿专业登山鞋；若想攀登世界第一高的珠穆朗玛峰，由于事关生死，必须准备特制登山靴、防寒用具和大量食物等，否则绝无可能攀登成功。因为登山条件恶劣，还需要进行严格的训练。登山的目标不同，制定的策略也不一样。因此，必须先设定具体的目标，即登哪座山。

另外，没有目标，就无法随时修正轨道。目标是一把尺子，若没有这把尺子，偏离了轨道也很难察觉。从东京出发飞往北京的飞机，之所以一定会到达北京，是因为一直朝着北京飞行，即使途中有些许偏离，飞行员也会立刻察觉，并及时修正飞行轨道或高度。

我们还可以进行对标，把自己想要成为的人或企业作为目标，紧追不放。我在参加税务师资格考试或经营企业时，也是先寻找榜样，然后以其为目标，奋力追赶。正因如此，我总能取得一定的成绩。

5. 何谓高目标

一谈到高目标，我们塾生因为曾经听过塾长“要成为西京原町第一、中京区第一，然后是京都第一、日本第一，最后是世界第一”的故事，很容易产生这样的想法：“好！我也要成为行业第一”或“我要做本地区第一”，乃至立下“成为日本第一”之类的目标。在盛和塾里不断学习后，我意识到扩大企业规模的同时必须保证经营质量，否则企业即使变大也没有意义，得不到塾长的夸奖。有质量的经营，利润率要达到10%，为此，经营者要仔细琢磨怎么干。塾长说，首先让自己的企业变强，企业必须有高收益。总之，目标的关键不在于“大”，而在于“高”。

那么，是什么高呢？是人格高、志向高。企业不要膨胀，而要成长。膨胀就像增加赘肉，一味变大而缺乏质量。塾长不鼓励企业膨胀，而希望企业如同运动员一样，拥有肌肉坚实的体质。首先构建体质优美的企业，在保证高收益的前提下逐渐发展壮大。这里的质量不仅指数字，同时还需要以利他为核心的经营哲学，这十分重要。所以，请不要错把“大”当作“高”，不少塾生因为企业盲目扩张而破产，请千万注意。

6. 让他人欢喜的目标

有时候，我们尽管有愿望，却没有具体目标。这时可以把让别人欢喜作为目标，这就是利他。怎么做才能让员工欢喜，怎么做才能让客户欢喜，怎么做才能让地方上的老百姓欢喜——只要这么想，就能制定出具体方向或行动目标。譬如，付给员工不低于同行业其他企业的薪水，让员工从工作中得到成就感；提供令顾客满意的产品，让顾客欢喜；不制造噪声、公害，不给地方上的居民带来困扰等。

7. 目标是努力的开关

就像打网球，平常练习时不紧不慢，但如果 3 个月后有重要比赛，就会立刻认真起来。所以，我认为目标是激发努力意愿的工具。

8. 不制订长期计划

塾长有句名言：只制订年度计划，不制订长期计划。塾长的年度计划的细致程度远超乎我们的想象。师父的计划建立在广而深的正确信息基础之上，而且不但具体到年，甚至具体到月、周、日，不是我们能够效仿的。按照这样的细致程度去制订 3 ～ 5 年的计划，本身就近乎不可能，即便制订出来，世间的状况变幻莫测，这样长期而周密的计划也会失去意义。在我看来，或许这就是塾长不制订长期计划的原因。顺便提一句，塾长的企业也有滚动更新的三年计划。因为要成为世界第一，所以需要长期展望，一边描绘蓝图，一边制订一年计划、三年计划。

有一件事可以让我们窥见塾长的经营计划的细致程度。2008 年雷曼事件发生后，一家日本代表性的企业经营急速恶化，陷入亏损，媒体对此进行了报道。据后续报道，亏损金额还在不断增加。对这件事，塾长曾说："这家企业不对劲儿，我们公司的预测数值与实际没有多少出入。"塾长的经营计划是基于准确的信息制订的，竟然能精确到这个程度，令人咋舌。

9. 不自我设限

师父说，制订计划时不必有限制，可以尽情地制订，乐观地构思。不必事先认定"我们公司不过是个乡下的城镇小工厂，做不了那么大的事"。不管设定多大的目标，都不需要花钱，所以请自由地设立目标，这就是"乐观地构思"。不要自我设限，让我们尽情地、自由地设立目标吧。

10. 有目标就会得到好评

拥有目标就表示敢于挑战。我曾经听一位在盛和塾担任顾问的塾长企业员工说，塾长对于拥有目标、挑战和成功做过以下阐述：

有目标，敢于挑战，并成功了，这是“最佳”；有目标，敢于挑战，很可惜失败了，这是“佳”；没有目标，敢于发起挑战，也成功了，尽管成功，却只算“差”；没有目标，也不挑战，失败了，这是“最差”。这么说来，第三种情况下即使成功，也被视为差，可见对于塾长的企业而言目标的重要性。

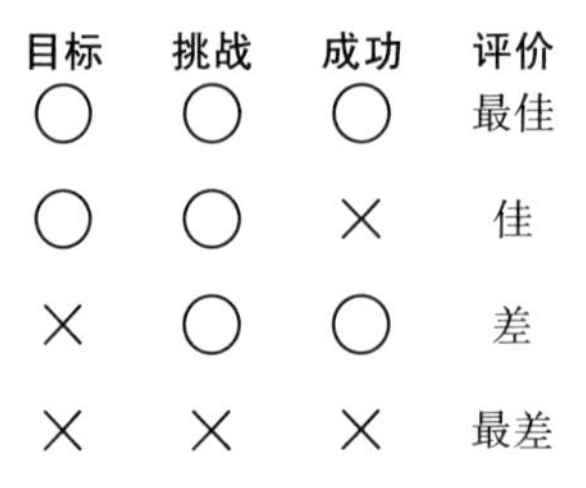

目标	挑战	成功	评价
○	○	○	最佳
○	○	×	佳
×	○	○	差
×	×	×	最差

注：在日本，圆代表“有”“完成”“好”“正确”等意思。

11. 目标是安全防护装置

塾长的思维方式是“在相扑台的中央发力”，因此，不论做什么事，都会留下充分的转圜余地。在制定目标时，无论在时间、空间、数字、财务上都会留下充分的空间，万一目标没有达成，企业也不会因此而风雨飘摇。企业不论制订什么计划，都尽可能往前赶一点，财务上也留有充分的余地，这样企业才能超级坚挺。目标就是企业的安全防护装置。

12. 制定目标不能靠预测，而要靠意志

如果凭借预测制定目标，事情就会发展成预测的样子。譬如，一家企业遇见突如其来的日元升值，预测下个季度开始陷入亏损，如果就这样干等着，企业就会陷入亏损。塾长说，在这种时候不能束手就擒，而是想方设法盈利。要拥有“无论如何也要盈利”的意志，经营计划书反映的是经营者的意志。

如何制定目标

1. 俯瞰倒推（“28 计划”）

制定目标有两种方式：一是叠加法；二是俯瞰倒推法。叠加法即按照时间累加。譬如，这个月这么做能得到多少，下个月那么做可以得到多少。塾长说，不能这么累加，要用俯瞰倒推的方式来制定目标。设定一年后的目标，从该目标进行倒推，明确第一个月做多少，第二个月做多少。

在日本有一所女子高中学校曾面临关停。为了重建这所学校，校方制订了一个计划，名字是“28 计划”。高三学生大多为 18 岁。校方请高三学生确定自己在 10 年后，也就是 28 岁时想变成什么样子，为了 28 岁的自己，今年打算怎么度过。一位女学生想成为医生，因为医生曾经救过她的至亲。然而，一直到高二，她学的都是文科。为了成为医生，就必须转理科，于是她毅然转到理科班。10 年后，在她 28 岁时，她果然成为一位优秀的医生，这件事成为佳话。如果这位女高中生只沿着高二的安排走下去，就不会后来成为医生，而是会到某个企业里就业。所以，俯瞰倒推法是左右人生的重要方法。

2. 京瓷制定目标时的四点考虑

据说，京瓷在制定目标时会基于下面四点进行考虑，我觉得十分妥当。

- 制定高目标。
- 制定相应的策略。
- 明确负责人。
- 明确期限。

3. 制定目标要像对待兴趣爱好一样

人在从事自己的兴趣爱好时，如打高尔夫、钓鱼，从不敷衍懈怠。因为喜欢，所以能全身心地投入。不论打高尔夫还是钓鱼，为了进步一丁点儿，我们都会反复钻研，反复思考，反复尝试。遇到失败，也会反复研究，反复实验，真的十分认真。然而，在做工作时，我们也这样做了吗？我想，许多人在工作时，并不会认真到这个地步。

因为喜欢高尔夫，所以要打出今年低于 100 杆，明年低于 90 杆的成绩，为此要勤于练习，每天空手挥杆，打磨体感，我们会像这样，行动计划一个接一个，连绵不绝。其实，我们可以用这种态度去工作，可能这样认真对待工作的人只是少数。

即使是工作，我们也可以像对待自己的爱好一样反复琢磨。譬如，有的客户迟迟不肯签订单，我们可以把他想象成比自己杆数成绩更好的高尔夫球手，下定决心“这个季度我要拿下他”，然后苦心琢磨战略战术，进行各种尝试。尝试过你就会知道，这样常能得到意外的成果。

4. 将目标变为约定

但凡变成约定的事，大体都能实现，不是吗？今天我定好上午要去哪里，下午去哪里——有了约定，只要没有特别的突发情况，基本都能按既定计划行动。一个人只要有了约定，就会行动，事情就会实现。既然如此，把自己的梦想、愿望和目标也变为约定的行动就好。

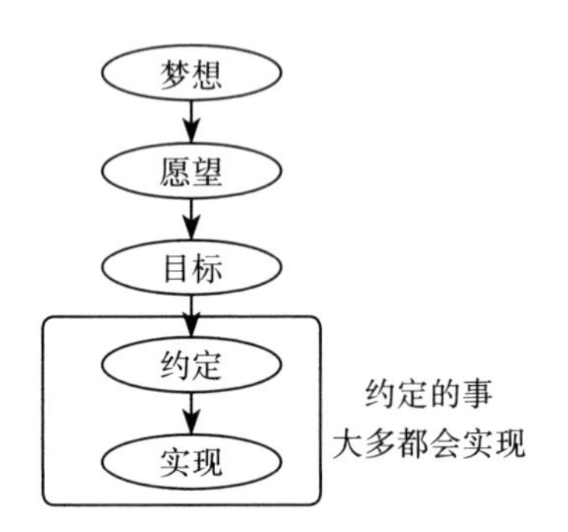

举个例子，一对夫妻平时工作非常忙碌，很难一起休假，都觉得“去国外旅行实在太难了，两个人一起休一星期的假，这简直是做梦”。可是，丈夫取出明年的日历，决定明年休假一周。回家后，他说服妻子在这个时间去旅行，于是两人定好目的地，并在确认酒店有空房间的情况下订好了酒店。

既然已经强行约定了旅行日程，就必须准备旅行需要的费用，还要提前安排工作，以取得一周假期。为了不给同事和上司添麻烦，他们需要利用这一年跟别人搞好关系，努力做好分内工作。各位，计算一下就知道，要想休假一周，假设包括加班，平时每天工作 10 小时，一周的工作时间就是 10 小时 ×7 天 =70 小时，只要在平日挤出 70 小时就行。一天多干 30 多分钟，140 天就能补回这些时间。这么一来，曾经认为“只能做梦”的一周旅行，在被这位丈夫记在明年日历上的那一刻起，就变成了约定，一步一步走向实现。

5. 增加 30%

塾长说，在制定目标时，要在自己能力的基础上多加 20% ～ 30%，也就是不能低于过去曾经达到过的最高纪录，保持增加 20% ～ 30%。

在我看来，觉得增加这么多有困难的人可以增加 10%。

6. 追求第一

寻找自己能够位列第一的优势，如产品、领域、行业、客户群等，在这个方向上制定目标。既然要干，就要成为第一，这样比较令人高兴。此外，成为第一的附带好处是效益提升、知名度提高，以此为契机事业也有可能进一步发展。

7. 收集负向信息

人们常为了成功制定目标，为了立于不败之地制定目标的人却意外地少。

在我备考税务师资格考试时，一开始树立的行动目标是考试合格，结果没有合格。第二次，我设立的行动目标是“不要不合格”。于是，我不仅收集如何合格的正向信息，还收集各种各样的负向信息，如为什么平时成绩很好的人会落榜。结果我逐渐看清导致不合格的“陷阱”具体有哪些，并将跨越这些“陷阱”的行动加在过去追求合格的行动目标里，用一年时间做了细致准备，最终顺利通过考试。

我想，这就是塾长的“京瓷哲学”里所说的“持续思考直到清晰可见”“描绘成彩色”“能力要用将来进行时看待”“相信人类无限的可能性”“超悲观计划”的具体体现。

8. 提高心性

制定由数字目标和实现数字的行动目标（行动计划）组成的策略固然重要，然而，制定目标还要为提高心性服务，这同样重要。制定的目标是否与宇宙的意志“爱、真诚、和谐”相一致？行动是否基于爱、真诚与和谐？实现数字目标，能够创造爱、真诚与和谐吗？能实现三方好、四方好[一]，让周围的所有人都幸福吗？制定能让心性提高的目标是根本。

9. 制定利润目标的方法

师父教导我们，要将经常利润率的目标设为10%，

[一] 三方好指买家好、卖家好、社会好，四方好则多加一个环境 / 世界好。——译者注

这是有意义的。一般来说有以下几种利润的概念：必需利润、前一年利润、行业平均利润、行业最高利润、人均利润 100 万日元 × 员工数等。经营者需要在达成以上各项利润目标的基础上追求 10% 的经常利润率。如果企业无法满足 10% 的经常利润率，就要提高利润目标。

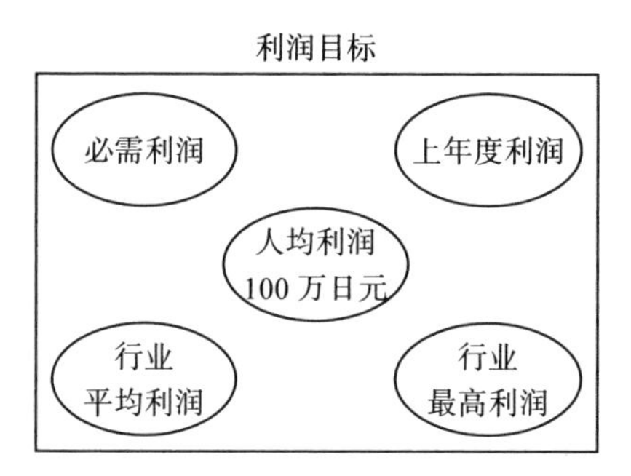

如何共有目标

1. 美味的炸鸡块是怎么制成的（从个人经验到具体操作）

在讲座上，我多次讲过“美味的炸鸡块是怎么制成的”，所以很多人知道这个故事。这个故事里藏着一把共有目标的“钥匙”。不论企业还是球队，一个组织要想达成目标，就需要共有具体的行动，然而，很多组织做不到这一点。那么，如何共有具体的行动呢？

在日本关东地区有一家超市，这个超市里的熟食柜台出售一种十分美味的炸鸡块，很受顾客欢迎，经常一出锅就立刻售罄。制作炸鸡块的是一位女员工，其他员工做不出同样的味道。于是经营者仔细观察了该女员工的制作方法，发现三个窍门：①油温 180℃；②炸两次（第一次炸 1 分 30 秒，放置 4 分钟，再炸 40 秒）；③鸡块的温度保持在 60 ～ 80℃。

只要遵守这三个条件，任何人都能做出与那位女员工相同的味道。过去，炸鸡块的方法只是该女员工的个人经验，她本人也只笼统地知道大概这么做。然而，当这些笼统的经验变成具体的操作方法时，就变成了具体、清晰的操作知识，任何人都可以效仿。这些经验也就变成了大家共有的智慧。

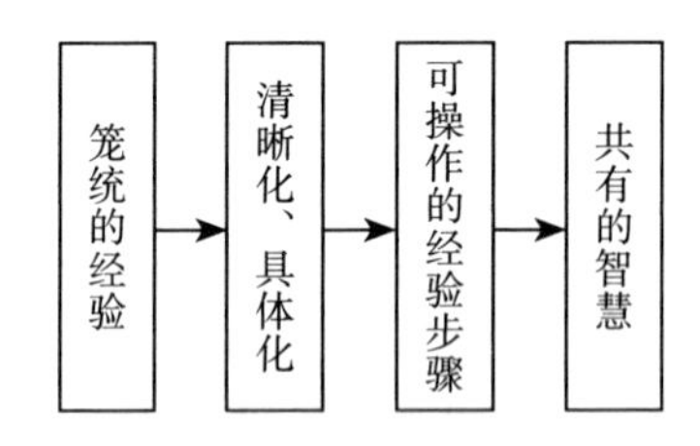

当然，其中的关键是操作方法，因此，培养将经验转化为操作方法的力量很关键。

2. 讲到对方明白为止

我们从塾长那里学习了教育员工的方法，但回到自己的公司一试，才发现员工并不是那么容易成长的。即使说上十次八次，对方仍不明白，这是常有的事。

下面是一位塾生与塾长的对话。

塾生："我说了很多次，员工还是不明白。"

塾长："你说了多少次？"

塾生："没有30次也有20次了吧。"

塾长："在没说到99次之前，都是你的问题。"

从对话中可以发现，让员工理解经营者的意思并不是那么容易的事。在对方明白之前，需要一次又一次地讲述，一次又一次地试错。讲99次对方不明白，那就讲1000次。

塾长常叩问我们：

- 用别人听得懂的方式讲了吗？
- 讲的时候注入感情了吗？
- 讲到对方明白为止了吗？

所以，当经营者说"我已经讲了很多遍"时，就已经输了。这无异于公开宣布"我是个无能的上司""我没有能力"，实在丢人，实在窝囊。

1. 用别人听得懂的方式讲了吗?

2. 讲的时候心怀关爱了吗?

3. 讲到对方明白为止了吗?

3. 玻璃般透明

制定目标，并且为了让人人对实现的结果——实绩清晰明了，就需要时刻保持玻璃般透明。让企业的每个人对自己所在企业的实际状况一清二楚是非常重要的。塾长在自己企业也一直坚持玻璃般透明的原则。员工们希望安心，希望了解企业的状况，希望知道自己部门所做的工作是如何体现在业绩上的。能看见结果，精益求精，这是塾长的经营方式。

然而，只有实现了哲学共有的企业，才能让全体员工看见数据。此外，公开数据的程度需要根据哲学共有的程度而定，因为搞不好员工可能会辞职或与公司关系恶化。再者，如果经营者有胡乱使用公司费用的情况，即使想公开也不能公开。这样的话，经营是无法好转的。

顺带提一句，塾长常说，组织就是为了看清核算而存在的。

4. 赢得信赖与尊敬

要想达成目标，赢得员工的信赖与尊敬十分重要。即使设立了出色的目标，如果领导者扶不上墙，员工也提不起干劲。

塾长常说，领导者要能自我牺牲，要成为企业中最“可怜”的人，这很重要。这里的“可怜”指的是：

- 在企业里比任何人都辛苦。
- 为了员工拼命。
- 最吃亏。

塾长在重建日航时，尽管是日航的一把手，却在搭乘日航时默默地坐在载满乘客的经济舱后排不显眼的位置。因为工作忙，塾长无法从日航东京总部赶回京都，就在酒店附近的便利店买几个腐皮寿司填饱肚子。塾长的工作如此辛劳，却不拿一分钱报酬，这么看来，大概日航里没有比他更可怜的人了吧？看见塾长的样子，日航员工不可能不奋发图强。

5. 不忘时刻共有目的、意义

向着目标努力，目标就一定能够达成吗？实际上很难。人一辛苦就容易产生放弃的念头，这很正常。一个人在辛苦的时候容易产生消极的想法："这都是为了老板，为了公司，我没必要那么积极。"

然而，如果工作的目的不是为了企业，而是为了员工，人们就愿意继续努力。京瓷的经营理念是追求"全体员工"的物心双幸福，而不是追求"京瓷"的物心双幸福，所以，经营目的不是为了京瓷这家企业，而是为了每一位员工的幸福。也就是说，员工是在为自己而努力。

在重建日航的时候，师父也正面提出"为了员工的幸福"的口号，结果重建工作获得了成功。尽管当时日航干部曾提出顾虑：日航破产后，政府为日航投入了巨额公共资金，我们却首先提倡自己的幸福，这样可行吗？师父说可以，这是最重要的经营目的，并堂堂正正地公开宣布。日航员工也从这句口号中获得了勇气与希望，员工的干劲被激发。

6. 自上而下，自下而上

就员工的立场而言，即使想提出高目标，目标也很难达到理想的高度。员工认为的高目标，在社长看来往往还是很低或不足的。因此，塾长说，社长需要用经营者的意志替换员工的想法。

领导者可以在空巴[一]等各种场合，热切地讲述目标，通过反复讲述，把社长的目标变为员工的目标。当员工说出“社长，无论如何我们也要这么干”的时候，自下而上的状态就形成了，师父常将这个过程称为“能量灌注”。

7. 有言实行

公开宣布目标或愿望十分重要。一旦说出口，就必须达成，否则坏处很多，如感到丢脸与窝囊，失去信誉等。正因为如此，很少有人公开宣布自己的目标或梦想，即使宣布，也常常是一些容易达成、难度低的目标。

然而，一旦公开宣布“我要实现”高目标，就无异于许下承诺，再无退路。我从 2005 年 10 月开始提出“对员工的承诺”，制定了十几条承诺，只要一条不达标，就承诺“辞去社长职位”，并盖章为证[二]。其中包括一年工作 5000 个小时，经常利润率必须达到 10%，在方方面面都有十分严格的标准。我绝对不能违背承诺，因此每天都带着紧张感经营。

[一] 稻盛和夫先生发明的特有的聚餐方式，是促进团队凝聚力的活动。——译者注

[二] 日本的个人印章是签章的重要工具，有法律效力。——译者注

第三条

胸中怀有强烈的愿望

——为了实现目标，要持有渗透到潜意识的、强烈而持久的愿望

“经营十二条”里之所以有关于潜意识的条目，是因为人类行为很大程度上受到潜意识的影响。要想改变自己，改变员工，改变顾客，就离不开潜意识的改变。

昭和 53 年（1978 年），京瓷公司开始推广潜意识理论，之后企业体质上了一个台阶。据说，从这个时期开始，京瓷就迅猛地发展起来。

另外，在师父重建日航时，也提出了“实现新计划的关键就在于一心一意、不屈不挠，因此，必须聚精会神，抱着高尚的思想和强烈的愿望，坚忍不拔干到底”，通过强调潜意识的作用，实现了出色的突破。

而第四条“付出不亚于任何人的努力”，若不用上潜意识，也很难实现。像这样把潜意识作为经营的必需条目是师父的独到之处。我认为，如果没有这一条，企业经营无法成功。

何谓潜意识

潜意识即“潜藏的意识”，就是潜藏起来的意识。人们常用冰山的一角来举例说明潜意识，我也不能免俗。

如图所示。据说冰山露出海面的部分只是其一角，而隐藏在海面下的部分占据了整座冰山的 90% 左右。上面的部分被称为显意识、实际存在的意识或表意识等，下面的部分被称作潜意识。也可以将显意识称为意识，将潜意识称为无意识。一个人在还没有掌握驾驶技术的时候，驾驶时会十分紧张，需要用显意识操作；一旦熟练后，曾经手忙脚乱的驾驶就变得十分轻松，这就是因为利用了潜意识。

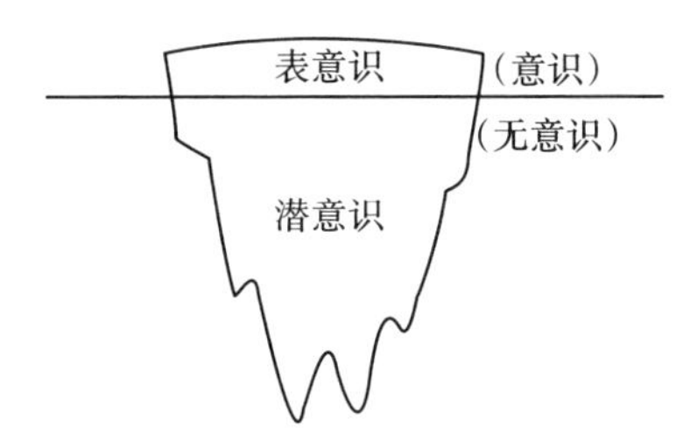

怎么用上潜意识

（1）重复。

就像驾驶汽车一般，每天不断重复，所做的事情就会进入潜意识。就像人在无意识的状态下也能驾驶一样，每天做同样的工作也会产生相同的效应。

（2）受到震撼或冲击。

冲击分为两种，一是不好的冲击，二是好的冲击。曾经濒临死亡、遭受社会打击等均为不好的冲击；而感动得流泪，遇见优秀高尚、值得尊敬的人等则为好的冲击。这种冲击方法的使用全凭机缘，很难刻意为之，所以不容易使用。

（3）冥想。

利用坐禅或冥想等方法消除区隔显意识与潜意识的障壁。因为没有了界线，所以显意识中的思想能够长驱直入进入潜意识，所以实践起来毫不痛苦。

（4）持有强烈的愿望。

师父一贯推荐的方式就是拥有愿望，而且是强烈的愿望。只要持有愿望，就会反复行动，使愿望进入潜意识。

为了进入潜意识，需要用上眼（视觉）、耳（听觉）与意识反复渗透。我们可以用下面的方法，将自己的视觉、听觉、意识全部调动起来，让自己的目标或想做的事进入潜意识。

- 写在纸上，将纸贴在一眼就可以看见的地方（调动视觉）

举个例子，如果想达成“经常利润1亿日元”，可以将它写在纸上，将纸贴在自己和周围的人都能看见的地方，一天看见许多次，就容易使之进入潜意识。

- 将自己的照片贴在渴望的场景照片之中（调动视觉）

找到与自己的愿望场景相符的照片，把自己的照片贴在里面，就像愿望已经实现一样。

- 使用行动检查表（调动视觉与意识）

将愿望分解为具体的行动，制作行动检查表，每天填写。在检查表上打钩，通过打钩从视觉上确认自己为愿望做出的每一个努力，行动意愿也会随之提升。没有打钩的地方，则让你一目了然地看见行动的匮乏，心里自然不舒服，从而自动产生行动的念头。

- 重复讲述（调动听觉）

反复念叨希望实现的愿望，譬如说："经常利润1亿日元，经常利润1亿日元。"

- 承诺，有言实行（调动意识）

向自己在意的人或不可以背信的人承诺，或者将自己的愿望或行动写成承诺书或自我宣言，贴在人人看得见的地方，让自己无路可退。

- 自我暗示（调动意识）

在心里反复念叨"经常利润1亿日元，经常利润1亿日元"。

- 每天对着镜子反省（调动意识）

看着镜中自己的双眼，认真念叨。如果可以的话，在睡前做最有效。

- 100% 相信（调动意识）

一个人一旦产生怀疑，哪怕只有 1%，都做不到真正的尽心尽力。因此，不要有任何怀疑，而要 100% 相信。你也可以先彻底怀疑，同时去实践，直到自己没有任何怀疑的余地，自然就愿意行动下去。

- 空巴（调动意识）

在喝酒聚餐等场合反复讲述。

- 点头（调动意识）

点头就是让头上下晃动。在听的时候，不能单凭耳朵接受，还要有力地点头，一边听一边用身体肯定。

潜意识从不休眠

人睡觉的时候，潜意识依然在运转，所以，请在枕头边放上纸笔。因为灵感往往在睡觉的时候出现，而且稍纵即逝，在枕边放上纸笔，就能立刻把它们记下来。师父平时在很想得到答案的时候，也刻意在睡觉前思考问题。不过，如果在白天遭受挫折，引起烦恼纠结，带着各种负面情绪入睡，不好的东西也会进入潜意识，导致做噩梦或得出一些小聪明。这些小聪明无须记录，它们并非灵感，照做的话反而会失败。

你首先得这么想

做任何事情都需要思考，否则实现不了。一个人上洗手间、吃饭，都是需要先有想法，否则不会产生行动。因此，不去想的话，就不会实现。然而，是不是只要去想就会实现呢？答案的关键在于愿望的层次。

塾长所说的愿望、梦想是最高级别的梦想。它不是期待、希望，不是普通的愿望，甚至不是强烈的愿望，而是强烈而持久的愿望。那是强至日思夜想、无论如何也要实现的愿望。因此塾长说："思想是起点也是终点，愿望就是答案。"此外，他还常说："抱怨'没有人才、没有资金、没有技术'的都是傻瓜。没有（这些东西）也没关系，只要有愿望，一切自然来。"

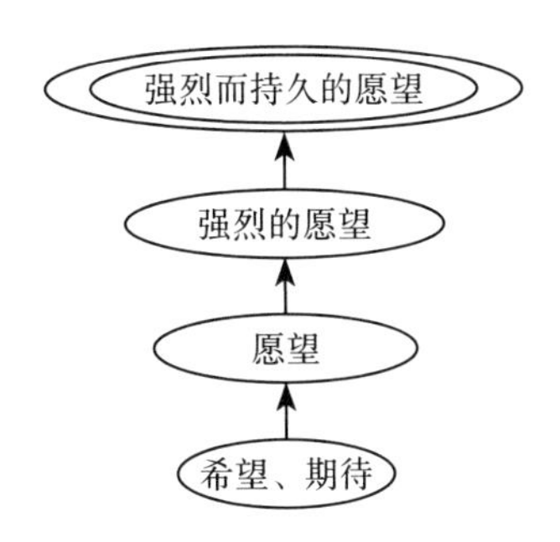

使用潜意识就不会疲累

一个刚刚拿到驾驶执照的人由于驾驶技术还不熟练，在开车时处处留心，很容易感觉疲惫。在日复一日地驾驶后，技术逐渐熟练了，也就不觉得累了。这是因为“驾驶”进入了潜意识，即使在无意识的状态下，人也会下意识地打方向盘或踩刹车。同样，一个行动只要进入潜意识，就不会带来疲惫感。

留心愿望的质量

持有强烈的愿望，愿望就会进入潜意识，就能实现。然而，不仅好事能实现，坏事也能实现，因此，不能让不好的东西进入潜意识。不论梦想还是愿望，都应该是美好的、令大家幸福的、善的，绝不能是满是利己心、建立在怨恨愤怒之上的，而应是充满爱、真诚与和谐的。

我从创立事务所起，就对员工承诺不打高尔夫球，这是因为怕高尔夫球进入潜意识，在工作中也不由自主地想起高尔夫球，妨碍经营工作。所以我干脆停止打高尔夫球。喜欢高尔夫球本身并不是什么坏事，但是在工作时突然分神去想高尔夫球，工作效率就会下降。除了必要的东西，注意尽量不把多余的事物放进潜意识，愿望就能更快实现。

不要分心

经营者如果在地方上的工商协会任职，就会分心，对工作的热情无论在质还是量上都会降低，因此师父一直不肯担任京都会议所的会长职务。塾长打高尔夫球也并不动真格，只是随手来一把。塾长经常沉浸在对工作的思索中，这种情况下驾驶汽车很危险，于是特意雇了司机，这绝不是在摆架子，而是为了能够集中精力思考经营。我想，这就是聚焦，就是洞穿岩石般的专注力。

我也向塾长学习，在“向员工的承诺”中写下“不打高尔夫球”，并向全公司公示。塾长曾经问我：“为什么不打高尔夫球？”我回答：“我的企业还没有经营好，还不是打高尔夫球的时候。我想集中精神搞好经营。”像这样，我不让多余的东西进入潜意识，远离自己的兴趣爱好，远离休闲娱乐，专注于经营。

更多的量，更高的质

进入潜意识的东西需要多次重复，增加“量”；而在“质”方面，尽量向宇宙的意志——爱、真诚与和谐靠拢。“数量越多，品质越高，就越成功”，这才是关键。

此外，品质越高，量自然就会越多，这是理所当然的。因此，从提高品质开始更有效率。

关键在于热情

塾长经常使用“热心”和“热情”这两个词语。在成功方程式里，也曾不用“努力”，而用“热情”来表现，因为“热情”蕴含着重要的意义。一个人只要持有愿望，就自然有热情；如果没有热情，证明所持有的并非真正的愿望。不是真正的愿望，就无法进入潜意识，自然无法实现。这种“愿望”只是目标，即使付出努力，过程也不会顺利，原因就在于没有热情。

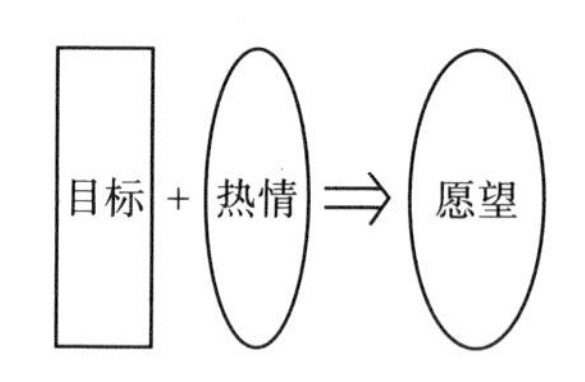

用愿望取代目标

在很多时候，目标往往并不是愿望，而是义务。自己并不真正渴望的目标就是义务。目标一旦成为义务，就仅仅是目标，缺乏热情的目标无法进入潜意识，也不会变成现实。

那么，怎么办才好呢？我们可以用满怀热情的愿望直接取代目标。或者在目标里注入热情。换句话说，就是尝试做一些加工，将目标变成自己的愿望。经营者可以尝试一下，怎样才能让自己对目标产生热血沸腾的感觉。在我刚创办会计师事务所的时候，工作枯燥乏味，尽是帮客户整理财务和税务，在我看来实在无趣，自然难有热情。我想，怎么才能让自己有热情呢？于是我不仅仅为客户处理税务和财务，还提供经营建议，客户的满意也激发了我对经营的热情。

提高知觉，直抵理性良知

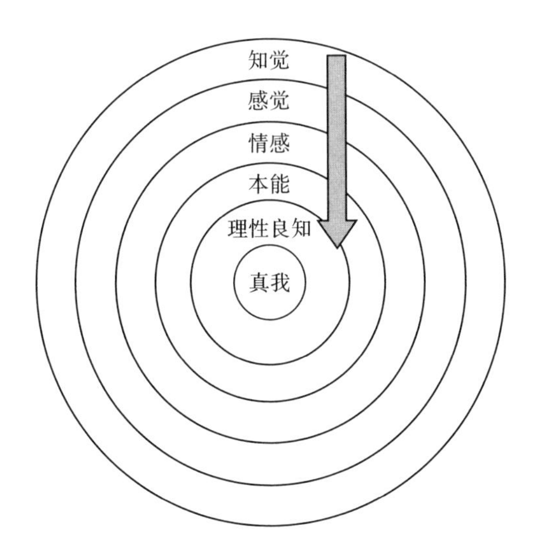

塾长说，反复践行学到的知识，即像傻瓜般一个劲儿地反复行动，就能逐渐往心灵深处渗透，向离真我最近的理性良知靠拢。如果不达到这个层次，我们的命运就不会发生变化。

用一句话来说，要从“用脑想”的层次提升至“用心想”，这是关键。这就是所谓的“提高心性，拓展经营”。用脑想，人格不受影响，人格（人心）不改变，经营也无法好转。塾长一直叮嘱我们塾生：“在盛和塾里要学到人格发生变化。”人格变了，面相也会改变，必须学到连面相都发生变化。

没有热情就无法进入潜意识

我曾经有机会观看师父在 49 岁时为京瓷公司管理干部举办内部学习会的录像（现在这个录像已经无法看到了），其中，塾长说了一番意味深长的话：“人生无他，唯有人生方程式，要想成就，唯有热情。”

各位不曾觉得人生方程式“人生 / 工作的结果 = 思维方式 × 热情 × 能力”中的“热情”用得很妙吗？一般多使用“努力”“行动”“实践”之类的词语，而师父竟然用“热情”来表现，不是“努力”，而是“热情”。也就是说，在努力与行动之上还要加上热切的感觉，可见与一般努力不同，也有人称之为执着。

总而言之，一个人一旦有了热情，就会一天二十四小时不分昼夜持续思索，思索的对象会逐渐渗透到潜意识中，于是身体就自动行动起来。

第四条

付出不亚于任何人的努力

——扎扎实实、一步一步、坚持不懈做好具体工作

加入盛和塾后，最令我震撼的就是第四条。在接触前辈塾生后，我常感到：“这些人跟我似乎不在同一个世界。他们到底什么时候睡觉？”于是，我问他们：“你们这么干，不觉得辛苦吗？”然而前辈们笑嘻嘻地答道：“觉得辛苦的话，企业就发展不起来。”我听了，更加震惊，感觉自己似乎进了一个疯狂的经营学习组织。

然而，为了加入盛和塾，我特意恳求员工“允许我去学习”，所以不可能轻易退出。于是我耐住性子，跟着大家一起学习，结果不知不觉间也开始付出“不亚于任何人的努力”。

不是“拼命努力”

“我经常说，不是拼命努力，而是付出不亚于任何人

的努力”，这是师父的口头禅。总而言之，自己的努力要不亚于任何人才行。师父还说：“诸位不要误以为付出不亚于任何人的努力有什么特别之处，事实并非如此。为了好好活着，就要付出不亚于任何人的努力。自然界里的动植物也是如此。”

我想，各位可能不那么容易接受这个观点，或许可以从转变自己一直以来的观念做起。

一年工作 5000 个小时

有位经营顾问说过：“京瓷的稻盛和夫先生一年工作 5000 ～ 6000 个小时，坚持了 35 年。而乔布斯和大家一起穿着写有‘4500’的 T 恤，一年工作 4500 个小时，坚持了 25 年。”所以，“付出不亚于任何人的努力”的大致标准为一年工作 4500 ～ 5000 个小时。如果一年 365 天全年无休，每天工作 12 小时 20 分钟～ 13 小时 40 分钟可以达成。

如何做到 5000 个小时

一天工作那么长时间，坚持那么久，任何人都会觉得这是天方夜谭，过去我也是这么想的。所以，我想分享一下自己的思路与做法：一味苦干蛮干是坚持不下去的，只要创造条件，在客观结果上达成 5000 个小时即可。

首先，当我看见塾长和前辈们帅气的样子，心里产生了“想尽量向他们靠拢”的愿望。因为怀着热情，所以这个想法进入了潜意识，促使我开始在自己的能力范围内一一实践从塾长或前辈那里学来的东西。譬如，从清晨开始工作、读书，没有完整的休息日，只有短暂的休息时间。尽己所能为他人做贡献，追着塾长四处学习，保持身体健康，对亲人满怀诚意，注意构建和谐的人际关系，学习战略战术，担任经营学习组织的讲师……在全神贯注从事这些活动的过程中，工作时间越来越多，在2013年我51岁时达到顶峰，为5605小时。在60岁前，我每年工作5000个小时，持续了约20年。现在我刻意将时间缩减到4500小时，以腾出更多时间陪伴家人。

持续做出成果的人一定在付出努力

发明大王爱迪生、经营之神稻盛塾长、在奥运会上连续夺冠的运动员们，无一不是付出了不亚于任何人的努力。所有的结果都不是偶然的，当别人在睡觉、吃饭、休闲、娱乐的时候，这些人都在努力。这些成功者经常起早贪黑，所以我们很少看见他们努力的样子。尽管很难被发现，但成功者付出的努力远远超过人们的想象。

师父也一直强调“成功没有捷径。只有努力才是成功的王道。每天坚持付出不亚于任何人的努力，就能做出难以想象的成果”。

努力是大自然的规律

塾长说：“不是为了成功而付出不亚于任何人的努力，而是为了好好活着，这是大自然的规律。自然界的动植物为了活着，没有片刻停歇，只有人类才会吃喝玩乐。”

2017年2月，在名古屋尾张塾的开塾仪式上，塾长明明白白地说：“不是拼命努力，而是付出不亚于任何人的努力。”

首先要努力

塾长经常说“你还干得不够”，又说“先付出不亚于任何人的努力”。入塾不久的塾生常常学得多懂得少，反复纠结于道理，这样的现象不在少数。此外，入塾后不知道具体怎么做，也是寻常事。所以塾长常说“首先你要付出不亚于任何人的努力”“接着是提升人格”。

我们从前辈那里接受过指导：“即使利润表表现不错，在资产负债表的状况好转之前，不能给经营层加薪。”要想资产负债表的表现变好，至少需要数年努力，搞不好需要十多年的努力。重点在于一开始就下定决心，“付出不亚于任何人的努力”。

没有行动的梦想是不会实现的

（1）人生方程式里的“热情”。

人生方程式将“因果”（即原因与结果）中的原因分解为三大要素，即思维方式、热情与能力，其中任何一个要素的分数提升，工作或人生的结果就会提升。努力即方程式中的“热情”，只要多努力，方程式的分数就会提升，结果也相应提升。因此，即使能力不足，只要肯多努力，一样能够弥补差距。

努力 90 分 × 能力 60 分 = 5400 分
努力 40 分 × 能力 90 分 = 3600 分

师父告诉我们，不少能力强的人要么轻视努力，要么不喜欢努力，然而从上面的公式可见，能力弱的人通过努力，可以超越能力强的人。

（2）不行动就无法造因。

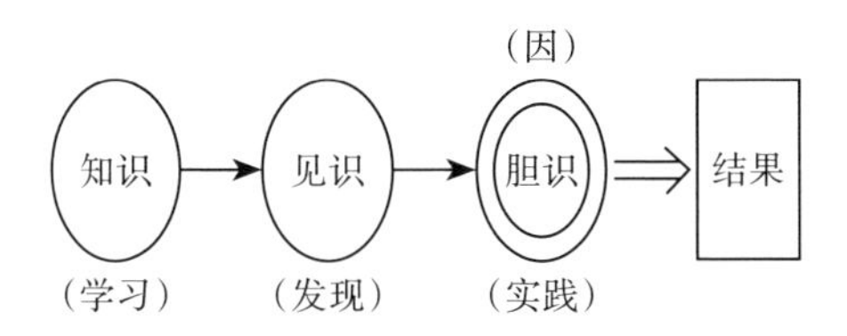

原因与结果的法则指的是不造因就没有结果，因此，知识变为胆识才能造因。不实践、不行动或不努力，就无法造因。在京瓷哲学中有“重视经验”这一条，塾长常说“在盛和塾里，不实践就没有意义”。换言之，即使人人称赞一种食物美味，可自己不去品尝，永远也不知道它是什么味道；不论看了多少游泳的教学录像，不亲自下水游一游，永远学不会游泳。大部分人学习，不是为了成为学者，而是为了实践。

就我而言，曾经如上图般企图先通过学习增加知识，然后通过感悟把知识提升到见识，却因为对知识迟迟理解不到位，使知识无法达至见识。塾长的教导意义深远，不是轻易能够理解到位的。无奈之下，我只好学一点践行一点，一边摸索一边学习，结果对知识的理解终于发展为见识。在我看来，通过不断重复“学习→发现→实践”这个循环，就能把知识提升到胆识的层次。

（3）坦诚地做。

有的人嘴上说得多，却不行动。这证明了这个人的我慢心很重，尽管本人可能没有察觉。首先做做看，不行的话，要么改变做法，要么停止。

（4）想不到世人大多不努力。

加入盛和塾并开始践行“付出不亚于任何人的努力”

后，我突然发现，原来社会里的人大多并不努力。

要做到像塾长一样努力固然很难，但是，对前辈们奋起直追，就会渐渐养成习惯，做到“付出不亚于任何人的努力”。这时环顾周围，客观地看，从经营者开始，身边的人中十分努力的人可谓凤毛麟角，我反而觉得这是自己最大的机会。正因为世间几乎没有人付出不亚于任何人的努力，努力的人才能从容地取胜。

不要在比较中输给别人

“付出不亚于任何人的努力”中有“不亚于任何人”这一修饰语，既然如此，想必有其特别的含义。

付出与别人相同的努力，必然追赶不上，更拉不开距离。事实上，后发的京瓷能够超越有先发优势的大型竞争企业，采用的就是这个方法。后发者想要赶超先发者，可谓难于上青天，而塾长通过压倒性的努力，从容地超越了对方。

所以，后发者也能战胜先发者。

对此，塾长说过意味深长的话：“两天时间干不了的活儿，给一天时间反而能干完。这样干一年，自然就能看见第二年。京瓷就是这样成为世界第一的。”

不断踏实地做好具体工作

俗话说一口吃不成一个胖子，我们需要不断积累细小的努力。或许大家想“销售目标是500亿日元，可社长本人一天只能拿到10万日元的订单，这可不成”。然而塾长说这样也行。

伊索寓言里有《龟兔赛跑》的故事。在故事结尾，行动迟缓的乌龟获得了最后胜利。这个故事阐述了一个道理：只要心无旁骛，一步一步、踏踏实实地朝着目标奋力前进，就能成功。每天多努力1%，第70天就能实现翻倍的效果，所以，细小的努力是伟大的。

第1天	1.0	×	1.01	=	1.01
第2天	1.01	×	1.01	=	1.0201
第3天	1.0201	×	1.01	=	1.030 301
第4天	1.030 301	×	1.01	=	1.040 604 01
⋮	⋮				
第70天	1.986 894	×	1.01	=	2.006 762…

心中有“忍”

我们假设，A 在努力中停下来的话，就让 B 用刀刺一下 A。A 不想被刺，就不能停下来。这里的 A 是自己，而监督 A 的 B 不是别人，也是自己，这就是忍耐的“忍”的含义。“忍”就如同在自己的心上放一把刀，时刻监督自己。

几何倍级型增长

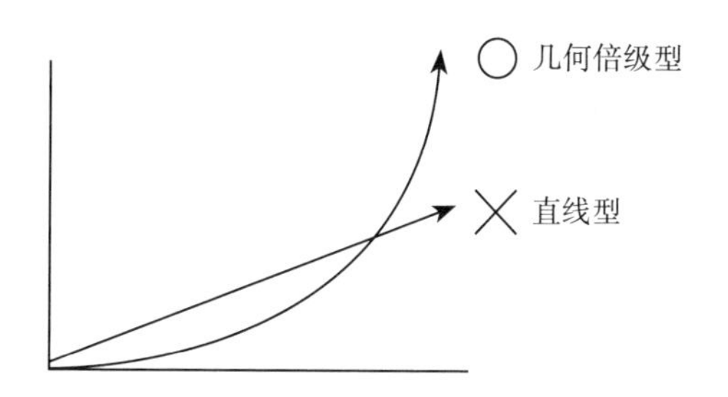

据说，师父在创办京瓷的第一年，披星戴月，拼命工作，做出的销售额为 3000 万日元，利润为 300 万日元。然而，利润的一半 150 万日元需要纳税，50 万日元要给股东分红，只剩下 100 万日元利润。

当时塾长想：“本田、索尼是怎么做到规模那么大的？一年只存 100 万日元，可做不成那么大的企业。”然而，现在京瓷年销售额为 2 万亿日元，现存款竟然高达 4000 亿日元。京瓷已经成立了 65 年，按照塾长起初的算法，100 万日元 ×65=6500 万日元，应该只有这点儿存款才对。

所以，结果并不是按照等差数列直线增长，而是按照等比数列呈现曲线增长，即几何倍级型增长。

琢磨与努力是一对儿

师父教过我们“第十条的钻研创新能为第四条的努力加速”。第四条“付出不亚于任何人的努力”强调的是极度朴实，勤勤恳恳、埋头苦干，很容易令人感到枯燥乏味。因此，在努力中不断琢磨，就不容易感到厌倦。

在相扑台的中央发力

一位前辈在经营中时刻想象自己身处投诉当中。

他对我说过下面一番话：“在遇到投诉的时候，人们大多会放下手头的工作，全力以赴地处理投诉。可是，我们公司即便在没有投诉的时候，也一样全力以赴，业绩因此增长，企业也实现了上市。”

塾长所说的“在相扑台的中央发力”，指的不仅是“趁着有余地的时候赶紧发力”，还有“即使条件宽松，还没有遇到困境，也要像身处困境般竭尽全力”的意思。

付出不亚于任何人的努力的基准线

据说，塾长每年工作 5000 ～ 6000 小时，持续了 35

年；史蒂夫・乔布斯一年工作 4500 个小时，持续了 25 年。

因此，在我看来，一年工作 4500 个小时，是“付出不亚于任何人的努力”的基准线。之所以这么说，是因为在加入盛和塾的前一年即 1999 年 4 月，当时我 36 岁，一位成功的会计师前辈对我说：“村田君，如果你能一年工作 4000 小时，也一定会成功。”这是基于竞争法则“12 小时必胜，14 小时压倒性取胜”的说法，即一天工作 12 个小时，就必然获胜；而工作 14 个小时，就能够取得压倒性的胜利。加上在加入盛和塾之后，有塾长这个努力的榜样，还有那么多努力的塾生，所以，我对一年工作时间的观念也从原来的 4000 小时变为 4500 小时、5000 小时，一天工作 15 个小时变成了我的日常。

不提高心性就做不到“付出不亚于任何人的努力”

要是为了自己成功，一年工作 4000 小时足矣，没必要工作更长时间。然而，对塾长来说，人生的目的是提高心性，也就是行利他，人生的真谛是为他人做贡献。因此，在自己成功的基础上，还进一步为别人付出，这样的话仅工作 4000 小时是不够的。

一年工作超过 4000 小时，看起来很傻，一般人不会那么做，而有能力的人大多一开始就没有努力的概念。因此，若想为他人而努力，不提升人格是做不到的。这是因为，仅仅为了自己或身边的亲人，就没必要努力到这个地步。

竭尽全力（尽心尽力）

加入盛和塾后，我也曾对这条“付出不亚于任何人的努力”感到矛盾。“塾长说必须付出不亚于任何人的努力，可是，只要塾长在，我一辈子也超不过塾长。这么看来，付出不亚于任何人的努力是做不到的。”况且，盛和塾的前辈中也不乏勇者。福冈某位前辈发表经营体验时说自己每天都在工作，几乎不睡觉。我问他：“你这么干不辛苦吗？”他笑眯眯地说：“嫌辛苦的话企业是不会发展的。”我听了大吃一惊，心想：“不得了！这是个什么塾，我是不是进了什么奇怪的组织。”在福冈，我听说有的塾生比这位前辈还厉害，一天只睡两小时，持续了16年——果然山外有山。

我想，塾长也并非一开始就是世界上最努力的人。既然如此，就算比不上塾长和前辈，我也可以先尽力埋头苦干，也只能埋头苦干。

我想，“付出不亚于任何人的努力”中的“任何人”指的到底是谁。一方面指除自己之外的所有人，另一方面指昨天的自己。尽管由于前辈们太努力，我很难赶超他们，但超越昨天的自己，还是有可能的。这么一想，我心里突然变得轻松起来。

于是，我每天扎扎实实努力，力求超越昨天的自己，结果在不知不觉中，每年工作时间超过了 5000 小时。

谁在尽全力

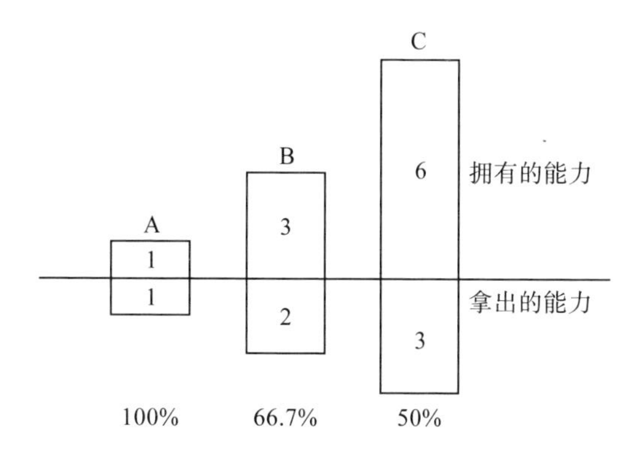

假设有这么一家公司，A 是刚刚加入公司的员工，B 在公司干了 3 年，而 C 在公司干了 10 年。他们三人按能力评分，A 为 1，B 为 3，C 为 6。A 刚进公司，什么都不懂，有的只是一腔热情，尽管能力只有 1，但尽心尽力，努力工作，把 1 的能力全部发挥出来。B 不想做得比 A 差，于是拿出 2 的能力，表现自然比 A 强。而 C 看见 A

和B的表现，觉得自己既然是前辈，自然不能比两位后辈表现差，于是拿出3的能力。那么，请问谁最好?

从发挥的能力来看，A只有1，B为2，C为3，C是第一名。然而，从尽心尽力的角度而言，A为1/1（100%)，B为2/3（66.7%)，C为3/6（50%)，A最佳。

反过来，按照偷懒的比率排序，就更容易理解了。三人偷懒的比率，C为50%，B为33.3%，A为0，可谓一目了然。如果师父看见C，必定大声呵斥："你在搞什么！？"

马拉松比赛里的外行

据说，塾长在创办京瓷的1959年思考过一个问题。

1945年第二次世界大战结束，日本的企业开始重新运转，14年后，塾长开始经营京瓷。用马拉松来比喻，那些领跑的梯队已经跑了14公里，如果京瓷也用相同的速度奔跑，不可能缩短彼此之间的差距。既然如此，京瓷可以竭尽全力，用外行人跑百米冲刺的速度跑马拉松。所以，不论员工已经多么努力，塾长也拼命给员工鼓劲儿："多努力一点，再多努力一点点！"在这样的持续奔跑下，京瓷公司追到了仅次于大阪证券交易所上市公司的水平。以马拉松来说，就好像已经看见了第二梯队的队尾。于是所有人精神大振，再接再厉跑入第二梯队，进而看见第一梯队的背影。就这样京瓷坚持奔跑，最后股价一跃超过当时排在第一位的索尼，独占鳌头。

我试着计算过。据说一个外行人跑100米需要18秒，那么，跑1000米就是180秒，跑42.195公里要两小时零六分，几乎可以媲美马拉松一流选手的纪录。像这样哪怕没有多少专业底子，只要全力以赴地按照这个节奏奔跑，就能跑出媲美世界第一的成绩。

付出不亚于任何人的努力的附带收益

（1）人忙起来就不会起歪心思。

有的人一旦成功，有了一定的资金，就开始找情人、赌博等。人若很忙碌，就没有时间起这些歪心思。师父从不任用在男女关系或经济上有问题的人从事经营工作。

（2）努力的人心志不移。

塾长认为，一拥有职务、地位、权力，态度和心灵就发生变化的人是危险的。人心善变，即使是道行高深的高僧，也不能保证心性不改。因此，坚持努力、保持勤奋非常重要。塾长还说，勤奋的人的心志本来就不易改变。

（3）健康的秘诀。

在盛和塾里，以塾长为首，勤奋的人都十分健康。人们常说，过度工作会导致过劳死，过劳死如今也成为一个社会问题。因此，日本进行了劳动改革，把减少劳动时间作为一项国策。然而，在盛和塾里，越努力的人看起来越有活力。我曾经问过师父：“您的健康秘诀是什么?”他回答：“是从事志愿活动吧。”以盛和塾、京都奖为首，塾长投身于各种各样的慈善活动。单是做自己的工作，塾长就从早到晚忙得脚不沾地，但他还是从事了大量的慈善活动，也就是从事志愿工作。一般来说，工作如此忙碌的人是不可能抽出时间来做这些志愿活动的，因此，要人格高尚才能做到。只要人格高尚，就不会觉得志愿工作令人烦躁，反而感到喜悦满足，这样一来，免疫力提升，身体自然健康。

参考知识：健康的关键在于免疫力。免疫力高，身体就能抵抗细菌、病毒、癌细胞，也就有利于保持健康。用师父尊敬的人物中村天风的话来说，血液的状态根据人的心态发生变化，免疫力也随之发生变化。愤怒、恐惧、悲伤可能会导致血液从弱碱性变为酸性，致使免疫力下降。

（4）成为有钱人。

因为比别人努力，自然得到的成果也比别人多，也有经济上的收获。塾长是一个超级富豪，而成功的前辈们也都是有钱人。我存下的钱也足够让我即使不工作也能生活无忧，真是难得。

（5）赢得感谢，被另眼相看。

努力做出成果，就能得到他人的感谢与尊敬，自然而然也能获得周围人的好评，并被另眼相看。自己的主张即便不游说，也自然能获得他人的认同，因此，做起事来也比较轻松顺利。

（6）进入潜意识。

在第三条里，我们学习了只要进入潜意识就能成功。而进入潜意识的方法之一是不断重复。一个人比一般人更努力，行动重复的次数必定变多，从而能进入潜意识，于是，越做越向成功靠拢。

（7）能力提升。

一个人的思维方式越好，自然越努力，而越努力，能力自然越来越强。依照人生方程式，提升思维方式，能让整个方程式的结果进一步提升。

（8）激发更多的行动意愿。

一个人有实力，做事自然能出结果，这会进一步激发行动的意愿。

（9）促进创新。

一个人如果很忙，时间不够用，自然会想方设法解决问题，创新自然随之而生。

（10）睡眠时间变短。

时间不够用，就必须早起，否则无法完成任务。如此日复一日，就会养成早起的习惯，睡觉时间相应减少。

人们常说，没有足够的睡眠时间会有害健康，使寿命变短。可是，塾长的睡眠时间比一般人少得多，却健康地活到 90 岁。我今年 62 岁，每年体检，结果良好，没有任何异常。

（11）吃得少了。

我曾经向前辈求教减少睡眠时间的方法。得到的答复是减少进食量。

是人就要吃饭，然而进食以后，尽管外表不显，但体内的肠胃在不停活动。人在运动之后会感到疲倦，很容易犯困，同样地，若内脏不停活动，人也会变得想睡觉。只要减少进食量，内脏运动就会减少，人也不容易犯困。此外，吃少一些，患上成年人常得的一些疾病的概率也会降低。

（12）时间效率变高。

一个人如果要做的事很多，十分忙碌，就不能墨守成规，或以固有节奏处理所有事情，就必须遵循“要事优先”的原则，先处理重要紧急的事。我从盛和塾一位企业已经上市的前辈那里学会了重要紧急排序法。

按照这个方法，我毫不犹豫地把一些过去亲力亲为的事情交给别人办，或者干脆不干，立刻浑身爽利。

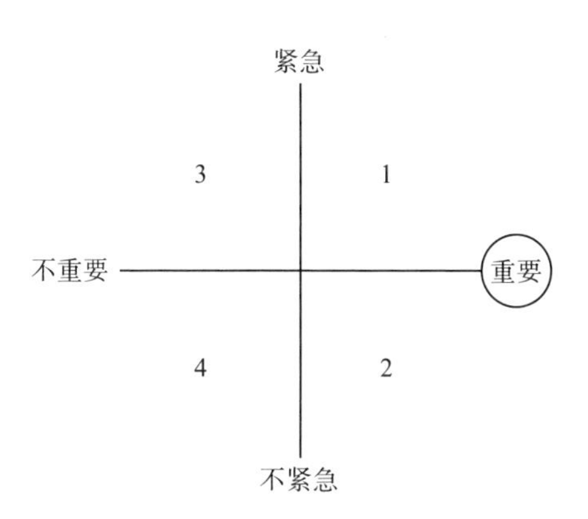

付出不亚于任何人的努力的类型与方法

初级

- 赢得信任、信赖、疼爱、满意、感谢的努力。
- 剩下的都交给他人的努力。
- “忍”之努力。
- 做到极致的努力。
- 乐观开朗的努力。
- 三天打鱼两天晒网的努力。
- 利用磁场效应的努力。
- 多加一点点努力。

- 坚持利他的努力。

中级

- 充分利用一天 24 小时的努力。
- 做出结果的努力。
- 超出他人预期的努力。
- 受人尊敬的努力。
- 活出双倍人生的努力。
- 跻身前 3% 的努力。
- 发起真正挑战的努力。
- 抓住重点的努力。
- 全面调动 3 个要素的努力。
- 从一天开始尝试的努力。
- 贪心的努力。
- 爱上工作的努力。
- 稍有成绩也不买游艇的努力。
- 立志的努力。

高级

- 纯粹的努力。
- 打开智慧宝库的努力。

- 用上潜意识的努力。
- 只剩下向神祈祷的努力。
- 打破框框的努力。
- 保持健康的努力。
- 横纲力士般的努力。
- 成为专家中的专家的努力。
- 不休假的努力。
- 超越阈值的努力。
- 二宫尊德般的努力。
- 30 年的努力。
- 成为“传说”的努力。

1. 初级篇

（1）赢得信任、信赖、疼爱、满意、感谢的努力。

一个人在做事的时候，如果能带着赢得他人信任、信赖、疼爱的意识，努力方式就会发生变化。为了获得信任，必须守时、不说谎，在别人看不见的地方也不马虎。此外，还要认真对待别人托付的事情，即使不被吩咐，也能主动体会别人的需要，认真处理，否则无法赢得信赖。像这样在行动之前，把“我希望怎样”作为努力的定语，带着“以终为始”的意识，努力的质量就会改变。

（2）剩下的都交给他人的努力。

我们是否值得信任、信赖、感谢，不是自己可以决定的，而是由别人决定的。因此，专心做好自己该做的事，剩下的交给周围人就好。

顾客买不买你的东西，是否还会再来买，会不会向别人推荐，是顾客的自由。自己只要向着这些方向不断前进，剩下的交给对方就好。让我们在工作的各个方面认真地去改进形象、表情、服装打扮、态度、说话方式吧。

（3）"忍"之努力。

忍字的结构是心上放一把刀，给人一种用刀子扎心的感觉。

举个例子，自己做了一个决定：以后每天早上6点起床先慢跑，再去上班。如果做不到，就用"刀"捅自己，以兹惩戒。没有人喜欢被捅刀子，所以，本来想着"今天天气不好，就不跑了吧"，可一想到要"挨捅"，于是只好去跑步。又或者，昨天喝得太多，结果宿醉，于是想"干脆今天不跑了吧"，可一想到要"挨捅"，只得去跑。这些"扎、捅"的动作，并非假手于人，也不是真实的行动，而是自己对自己的一种诫勉。

我们可以下决心，在自己的心上放一把刀，这代表了个人的决心和强烈的意志。因此，这里的"忍"并非"忍耐”，即忍受讨厌的人或事物，而是“既然做出了正确的决定，就要坚持干到底”的意思。日本有一位了不起的医生，叫作野口英世。他曾经在柱子上刻下“若壮志未酬，绝不踏上这片土地”。他只身赴美，取得了成功，为社会鞠躬尽瘁，成为了不起的人物。

（4）做到极致的努力。

有时候，一个人不论怎么努力事情也不顺利时，难免心里会产生放弃的想法。

譬如，工作不顺心，不善于处理人际关系，人在职场，难免会遇到形形色色的问题。在这种时候，未免灰心丧气，想要辞职。你可以辞职，不过，反正都要辞职，为什么不最后再努力3个月或半年，在别人不舍得你的时候才辞职？你也不希望辞职以后，别人说“那家伙真没用”“他是个怪人”吧。

所以，聚集最后的力量，不遗余力地努力，直至让对方说出“为什么要走，不要走，留下来吧”之类挽留的话。

事实上，我在女儿身上用过这个方法。女儿大学毕业后，没能进入自己想进的行业，工作也不是自己喜欢的，于是情绪十分低落，也得不到上司的信赖，因此对我说想要辞职。我说：“辞职也没有关系，不过有个条件，等你干到公司里的人挽留你的时候，还想走的话就走吧。”过了一段时间，女儿告诉我，公司里的人开始挽留她了。再过一阵子，她竟然说："总部有个业务考试，我想去参加。"简直令人不敢相信。她不但不想辞职，还想朝着更高目标努力。一年后，她考试合格，被调到东京总部工作。所以，她过去之所以干得不好，是因为自己对工作抱有厌恶心理，于是对工作不认真。然而因为有了"让别人挽留我"的想法，所以拼命努力，进而得到了别人的认可，工作也随之变得有意思起来。觉得工作枯燥无味或不顺的人干脆把眼前的工作当作最后一份工作，尽心尽力去做，就会逐渐体会到其中的乐趣，这对任何工作都适用。

（5）乐观开朗的努力。

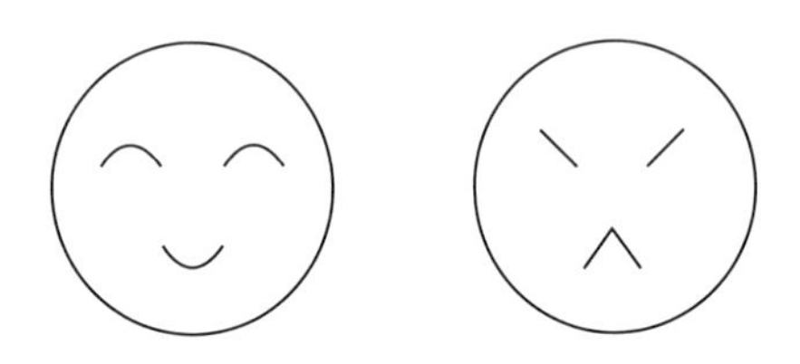

努力不是"頑張る"，而是"顔晴る"。[㊀]横竖都要干，何必不情不愿，干脆精神抖擞、乐观开朗，带着令人心情舒畅的开朗表情去干。这么一来，不但能给身边的人带来

㊀ 日语的努力是"頑張る"，而"顔晴る"的发音与"頑張る"相同，字面上是"脸色晴朗"的意思。——译者注

好印象，还能得到正面评价。不情不愿地干，只会给人留下差劲的印象，明明出了力，却不讨好，留下负面评价，真是太可惜了。

在我30多岁时，有一位客户教我："不论什么好事，只要干得心不甘情不愿，原本明明可以得10分的，结果只能得1分。"后来我常带着这种意识去工作，发现如果不情不愿地干，结果不是1分，而是负分。这是十分宝贵的经验。

另外，经常保持微笑、亲切的态度，面容和善能给人一种"好说话"的感觉。那些别人愿意主动接触的人，通常是因为面容比较和善。公司里也一样，明明拿一样的工资，为什么别人经常找自己做事，不要觉得这是吃亏，而应该认为这是一种成功。要做的事多了，确实辛苦，但同时可以获得各种各样的工作经验，能力可以得到锻炼，还能获得他人的喜爱甚至升职加薪，这是值得高兴的好事。

（6）三天打鱼两天晒网的努力。

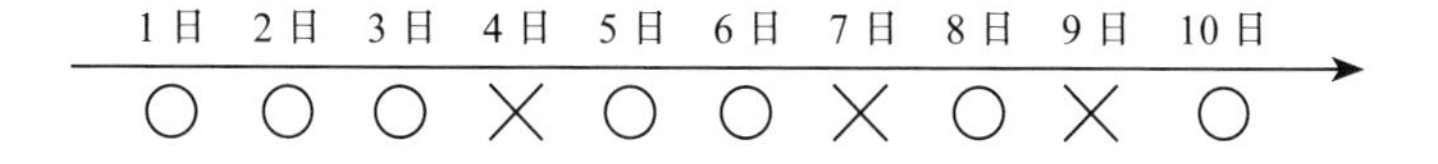

三天打鱼两天晒网，比喻做什么事情都只有三天热度，难以坚持。

其实，我们可以巧妙地利用这一点。第4天没坚持也没有关系，只要第 5 天重新开始做就好；第 7 天又中止了，就从第 8 天重新开始……不论中途“晒网”了多少次，都接着做下去。最后那些中止的日子只是变成了短暂的“休息”，而工作始终在持续，一年大概也能做个 200 天。这样并没有放弃工作，人的心情也比较放松。在我们年轻时，经常因为中途停下而干脆放弃，用“三天打鱼两天晒网”的法子，也能把工作坚持下去。

世间 99.9% 的人都会因为某些原因放弃，如果你能下定决心，即使走走停停也绝不放弃，就能成为剩下的 0.1%，最终成为千里挑一的人。

（7）利用磁场效应的努力。

铁钉没法吸住铁，可是，只要用磁石吸住铁钉，铁钉就会带上磁力，对铁产生吸力。这个现象很神奇，而且人人都知道。同样，尽管自己没有什么了不起的实力，可若置身于一群勤奋的人之中，也会被带着拼命努力。师父说，在盛和塾里，有的塾生觉得自己没有多努力，只是因为身在塾中，业绩就有了提升。塾长将这样的场称为“磁场”。单靠自己很难付出努力的人可以加入一个勤奋的群体，在里头努力。

（8）多加一点点努力。

在做事时，有时我们会产生“今天就做到这里结束”

的想法。在这种时候，不妨多干 10 分钟，多做一次或多完成一项任务。尽管只多了 10 分钟，365 天就是 3650 分钟，即约 60.8 小时。按照一个工作日 8 小时计算，就是大概 7.5 个工作日。再进一步想，多做 30 分钟的话，结果就是 7.5 个工作日的 3 倍，即 22.5 个工作日。按照一般人一周休两天计算，这大概是普通人一个月的工作时间。

就像这样每次多加一点点努力，积累下来也是非常可观的。

（9）坚持利他的努力。

对你来说，谁能让你坚持利他？我想，大概是伴侣或孩子。一般人大多为了家人而努力。

一个人只要有爱，自然会花心思。在我结婚前，每逢妻子的生日，我就会跑遍镇里的花店，搜罗玫瑰送给她。人一旦有了利他心，就会勤快起来。

2. 中级篇

（1）充分利用一天 24 小时的努力。

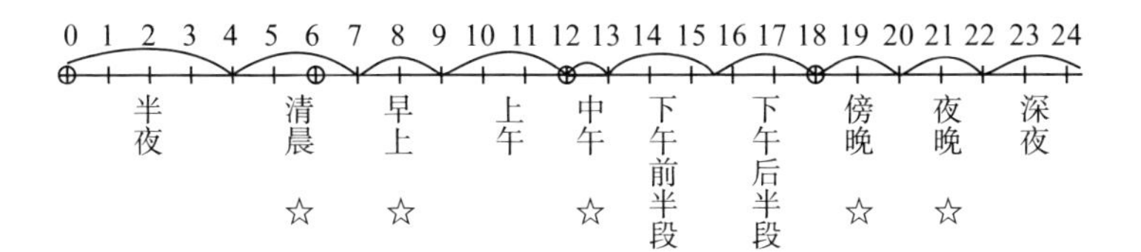

如上图，各位可以尝试了解一下自己的一天是如何度过的。你会突然发现其中有不少空闲的间隙，发现自己原来还有许多时间可利用。

譬如，如果早点儿起床，就能多出 30 分钟到 1 小时可用；午休时也不必休满 1 个小时，可以只休息一半时间；傍晚也可以多挤出 30 分钟～ 1 小时。仅仅如此就能挤出两个半小时的时间。我用这种方法一天能挤出 5 个小时的时间。

其中，早晨 6 点开始的时间段效率最高，可以有效地使用。包括周末，从早上 6 点起我会安排与客户会谈。早晨道路空旷，不会有来电干扰，也没有人来拜访，精神集中，是很有价值的时间。

（2）做出结果的努力。

孩提时代，我们只要做了什么，大人就会夸奖“勤快”。可成年以后，如果不能做出结果，就得不到别人的好评。做不好工作，不但升职加薪无望，还会像运动比赛中无法上场的选手一样坐冷板凳甚至被解雇。因此，做不出结果的努力，不是真正意义上的努力。

我曾经多次听见塾生对师父说“您教的我拼命在做，但是业绩没有提升，也没有盈利”，这时塾长立刻斩钉截铁地说：“证明了你没有做。”他接着说：“没有结果的原

因很简单，要么是你的思维方法或做法错了，要么是你不够努力。”因此，结果是张石蕊试纸，也是飞机的仪表盘。

为了做出结果，就要比照下面的图（以经营餐馆为例），看看自己的努力是否至少能让企业不倒闭。经营者追求的目标应当是“令人感动的努力”以上，这样企业才能盈利。

令人尊敬的努力（有吸引人无论如何都要专程赶来的地方）	… 十分赚钱
令人感动的努力（有吸引人再来的地方）	… 赚钱
令人满意的努力（美味、笑容、干净、价格合适、没毛病）	… 不赚钱
一般的努力（味道、服务态度、价格均为普通水平）	… 倒闭
最低程度的努力（味道过得去，但有环境不好等问题）	… 倒闭
谈不上努力（味道不好、环境差、服务态度差）	… 倒闭

（3）超出他人预期的努力。

日本有位演讲家叫作中村文昭。中村先生一年举办300场演讲，尽管完全没有做广告宣传，但他经营的婚宴餐厅的预约已经排到两年后。我偷师了他的“超出他人预期的努力”。他说，既然要干，重点在于干得让别人大吃一惊。譬如，让别人惊讶地说：“呀！竟然已经完成了吗？”“啊，太好吃了！”“啊！竟然这么……”这非常重要。又譬如通宵完成工作后一大早给客户送去。明明有强烈的倒时差反应，却在深夜回国后直接去公司发邮件等，能做的事情有很多。

（4）受人尊敬的努力。

塾长说过，要赢得客户的尊敬，这样能与客户建立起良好的关系，客户也不会嫌价格贵或对商品过于挑剔。

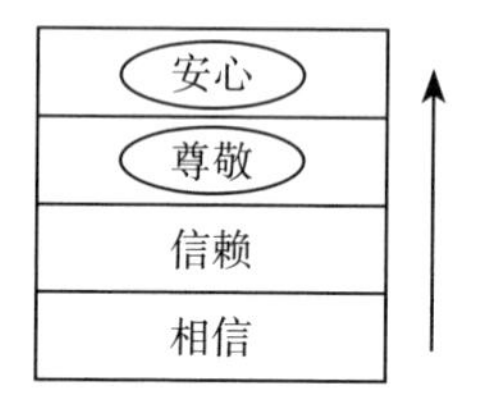

（5）活出双倍人生的努力。

有一位经营者和我同龄，他十分优秀。我是在2003年刚开始“追星”时在下关例会上认识他的，当时我40岁。我听了他的经营体验，十分惊讶：“明明他的年纪与我差不多，为什么他的经营与人生和我差别那么大？”他一边经营着一家中型企业，一边在大学读研究生，还能挤出时间陪妻子和孩子，还能在深夜陪困惑的我聊天。他甚至自带盒饭，专程从九州到静冈帮助有困难的经营者，嘴上还说“我正巧在附近办事”。我十分感动，问：“你为什么能做到这个地步？”他回答：“因为我想度过双倍人生。”

这位经营者有过不幸的际遇。他小时候父母双亡，由奶奶照顾。奶奶去世后，他和弟弟二人被亲戚领养，寄人篱下，受到冷遇。他也曾愤世嫉俗，为世间的不公而愤懑，一度走上歧途，后来洗心革面，在二十多岁时创办企业，一边经营一边为社会做贡献。

这位经营者年龄与我相仿，却如此优秀，这使我陷入了深深的反省。

不过，人是不可能拥有双倍时间的。例如，10 小时的双倍就是 20 小时，考虑到人需要睡觉，一个人每天工作 20 小时，这是做不到的。

然而，时间属于数量范畴，数量适用平方法则。也就是说，若想获得相当于他人 2 倍的结果，无须付出 2 倍的时间，只要付出 $\sqrt{2}$ 倍的时间，即大约别人的 1.4 倍即可，因为 $1.4 \times 1.4 \approx 2.0$。

再进一步想，若实打实地付出 2 倍的时间，$2^2=4$，就能得到相当于他人 4 倍的结果。所以，若别人付出 2000 小时的努力，我们就要付出 4000 小时，这样就能以大比分优势获得胜利；若想获得 5 倍的结果，$\sqrt{5}=2.23$，就需要付出相当于他人 2.23 倍的时间，即 $2000 \times 2.23=4500$ 小时（约值）。

你也可以像我一样，在身边找到像师父或者那位塾生般优秀的奋斗者，向他学习。

顺便提一句，我的母亲也是每天干两人份的活儿。父亲的事业失败后，我们被人从家里扫地出门，过着贫穷的生活。母亲为了养育我们三个孩子，白天当会计，傍晚回家为我们做饭，接着出门去酒馆打工，每天深夜1点才回到家。这是我读初中到大学时的事了。我的母亲真的是非常了不起的人。这或许也是我能付出不亚于任何人的努力的原因。

（6）跻身前3%的努力。

同样是努力，还是有结果的比较令人高兴。因此，请努力跻身前3%，也就意味着在100家企业中力争前三，在33家中排第一。之所以设立这个目标，是因为按照竞争法则理论，100人中的第10名实力属于中等，第50名的实力已经不值一提。

所以，请找出自己有胜算且能满足社会需要的地方，聚焦于这一点，努力行动。

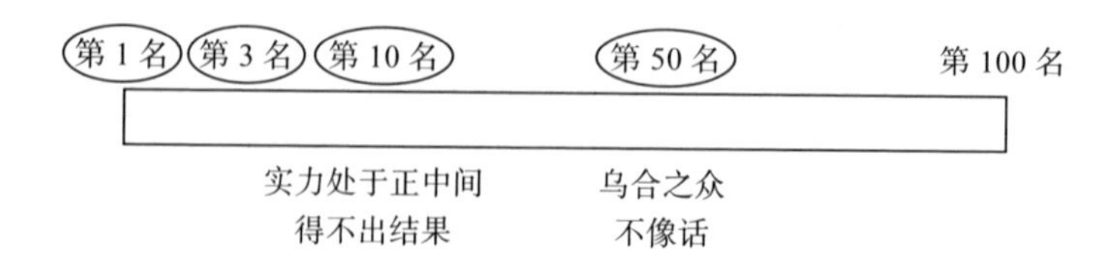

（7）发起真正挑战的努力。

师父认为真正的挑战需要满足以下三个条件。

- 迈出一步、不怕辛劳的勇气。
- 一旦开始就绝不放弃的意志。
- 付出不亚于任何人的努力。

（8）抓住重点的努力。

时间是有限的，关键是分清什么是重要的，什么是紧急的。世间有许多人将时间浪费在了不那么重要的事情上。人生有限，浪费时间的话太可惜了。

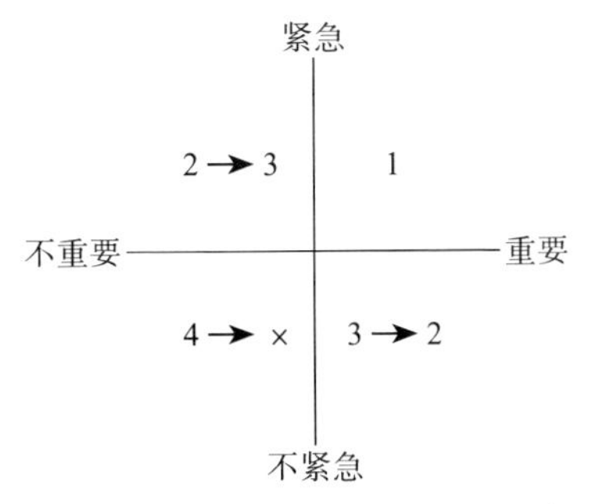

注：许多人对于重要紧急的排序为：1—重要紧急，2—紧急不重要，3—重要不紧急，4—不紧急不重要。
而抓住重点的排序是：1—紧急重要，2—重要不紧急，3—紧急不重要，4（不紧急不重要）直接去掉。

（9）全面调动 3 个要素的努力。

这里说的 3 个要素是什么呢？先问一个听起来有些古

怪的问题：人是由什么构成的？是身体、头脑和心灵。身体就是自己的身体，用眼睛看、用耳朵听都需要用到身体。人不仅用脑子思考，还用心灵思考——这是人们常常忽略的。那么，什么叫用上心灵？这里不是指用心思考，而是作为一个人梦想的、感受的东西，就是塾长所说的心灵状态、利他心和哲学。

如果不能将身体、头脑、心灵三个要素全部用上，结果将变得十分渺小。

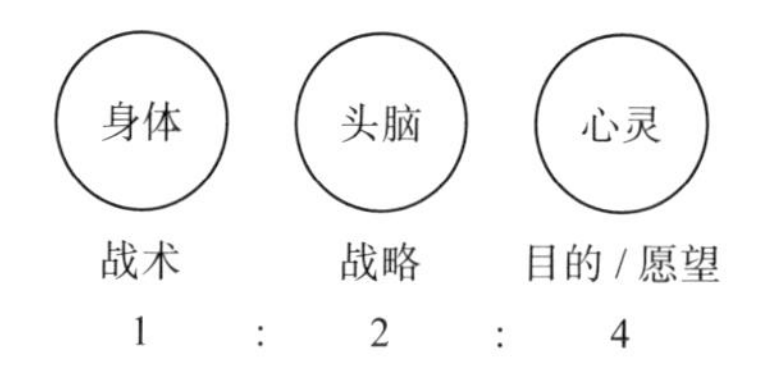

（10）从一天开始尝试的努力。

有一位叫恩田的塾生举办了一个学习班，叫作始道塾。

他说：“各位，试着突破自己，今天回去后直接去公司上班。”当天的学习会从 18:30 开始，在东京举行。我从谏如流，20:30 学习结束后，从山手线转新干线回到静冈，接着没有回家，而是直接回公司工作。我想各位应该也有过类似的经验：一旦做过某事，就会觉得“我那时候也做过”“我那次也做到过”，那么第二次、第三次自然不在话下。就是这个道理。

每天工作 8 小时的人不妨尝试增加一倍时间，工作 16 个小时；而工作 15 小时的人则尝试一下工作 20 个小时，大家不必每天都这么做，只在有意愿或需要的时候试一下，这样的经历能给人带来巨大的力量。

顺便提一句，所谓的突破就是克服困难或障碍，或是打破条条框框。重点在于不要犹豫，亲自体验一下，哪怕只是一天也好。

（11）贪心的努力。

经常有人问："我应该选择工作还是家庭？"这个问题背后的潜在逻辑是"如果工作优先就无法照顾家庭；如果家庭优先就无法全力工作"。我过去也这么想，但最终我决定两个都要。

先说结论，人可以贪心一点，工作家庭都要，在两方面都要努力。在这种事情上，欲望多一些也无妨。我们可以打破旧有常识，工作家庭都要关注。师父常说："不要考虑做不做得到，只考虑怎么才能做到。"

顺便提一句，我的确付出了不亚于任何人的努力，每天从早晨 6 点一直工作到深夜，根本没有时间陪孩子玩耍。尽管有点辛苦，我曾经早上 5 点起床陪读幼儿园的儿子一起玩棒球接球。最夸张的是在通宵达旦地工作后，我刚刚回到家，正准备吃昨天的晚餐，儿子从床上爬起来说“爸爸，一起玩吧”。我简单地扒了两口饭，换身衣服陪孩子玩。游戏结束后，又换上西装直接去上班。现在想来，我很惊讶自己的身体竟然能扛得住。每周日早晨，我洗了儿子的棒球服后才去上班，在儿子考试前给他买来《必考英语单词 1600 个》。当时我还在使用翻盖手机，每天在手机里输入 10 个单词发给他，从没中断。我还告诉他:“听着，绝对不要背这些单词。只要出声念一遍就好。”因为一个人对过去听过的东西听第二次就会留下一点印象，听第三次就很容易记住，一天记 10 个单词，一个月就是 300 个单词，5 个月零 10 天就是 1600 个单词。

（12）爱上工作的努力。

塾长的“京瓷哲学”中有“爱上工作”这一条。不过，人不是那么容易爱上工作的，我想各位也是如此。若是喜欢工作，人们就不会在周日夜晚哀叹“啊啊——明天又要上班——”。大概也没有人会因为喜欢工作而过劳死，因此，我们需要好好琢磨如何才能让自己爱上工作。

1）将第十条的钻研创新与第四条的努力结合起来使用。师父说，一边做事一边琢磨，做事的速度就会加快。相反，一个人如果不钻研，只一味苦干，就很容易对工作感到厌倦。

2）对待工作像对待自己的兴趣爱好一样。人们在钓鱼或打高尔夫球时都很认真，工作起来却不是那么认真。不知道为何，不少人心里都有一个错误见解：工作本来就不值得认真对待。那么我们可以试着将工作当作自己喜欢的足球或者钓鱼活动。

例如，遇见讨厌的上司，可以把他当作足球比赛里难缠的对手。思考怎么拿下他，这么一来不就轻松了吗？数一数被上司批评的次数，分享给其他人，不也很有趣吗？“昨天被批评了3次，前天也是3次，今天还没被批评过，今天领导的精神头不够啊”，这么想的话，工作就变得有意思起来。

（13）稍有成绩也不买游艇的努力。

一位塾生告诉塾长，自己事业成功，在夏威夷买了别墅和游艇，有空的时候去那里度假。师父听了回道：“你真是个小男人。”那位塾生本来洋洋得意，结果却被当头泼了冷水。

人取得了一点成功，就容易翘尾巴。塾长的意思是，既然你还有度假的闲工夫，为什么不能更多地为世人、为社会做贡献？从那以后，那位塾生变得更加努力，让企业进一步发展壮大。

（14）立志的努力。

做任何工作都要有志向。

例如在餐馆里刷盘子，一想到顾客用这个盘子享用幸福的生日午餐，就不会认为手里的仅仅是一个盘子，而会觉得它是一个出色的重要容器，盛着主厨精心烹制的高级菜肴，与菜肴是浑然一体的。一旦感觉到盘子的重要性，我想没有人会对洗盘子的工作敷衍了事。又譬如，想到自己的孩子会用这个盘子吃饭，你必然会仔细地清洗；可如果是不相关的人用的盘子，大概就会无视盘子上残留的一点洗洁剂泡沫，随手把盘子放进滤水篮了事。

有位迪士尼乐园停车场管理员告诉过我一件事。迪士尼乐园是一个梦想王国，他为在迪士尼乐园工作而感到欢欣雀跃，希望在仙履奇缘童话大厅、幽灵公馆工作。然而，他被分到迪士尼乐园外宽广的停车场工作，成为一名停车场管理员。他很失望，完全提不起干劲，一直闷闷不乐。停车场的前辈让他走到排在最前面的车那里去看看。当时还是半夜，远没到开园时间，等在最前面的是一辆轻型轿车。他走近一看，原来是一对夫妇带着他们的孩子。刚好父亲还醒着，于是他主动招呼："早上好，您是专程从九州过来的吗？感谢您。"那位父亲说："哎呀，一直请不到假。孩子一直闹着要来迪士尼。这回总算请到假了，所以通宵开车过来。"

原来顾客是带着这样的心情赶来的啊，这位管理员想，希望这一家三口能在这个梦想王国里度过美好时光。此外，他想把这一家人的心情告诉迪士尼乐园里的员工。“原来，停车场管理员这份工作是通往梦想之国的最重要的入口，而不是可有可无的职务。”这位管理员反省道。因此，在任何工作中都可以找到志向。

3. 高级篇

（1）纯粹的努力。

师父曾经引用詹姆斯·艾伦的话，对我们进行指导。“内心肮脏的人因为害怕失败而不敢涉足的领域，心地纯洁的人却能随意踏入，并轻而易举地获得胜利。这样的事并不罕见。”

也就是说，一个人一旦拥有这样的人生态度——遵循法律或约定，堂堂正正，不做任何亏心事，勤恳工作，就不会有恐惧。哪怕周围的人犹豫不决，依然能毫不在意地大步迈进。师父在重建日航的记者招待会上所有的讲话都没有经过事前核对口径，而是现问现答。这是因为师父对一切问心无愧，所以能够直接回答别人的提问，而不需要提前商量。我也向师父学习，自从遇见师父，我努力保持诚实与纯粹。全凭如此，我也能做到问心无愧、堂堂正正地活着。在30多岁前，我的情绪常周期性波动，时不时有种莫名的烦躁，不久之后，这种情绪波动就逐渐消失了，这也要归功于塾长。

（2）打开智慧宝库的努力。

打开智慧的宝库，也可以称为灵光一现。当脑子里突然出现一些点子时，有的能够成功，有的不能。那些能够成功的点子被称为灵感、神明的启示，或是打开智慧的宝库。

因此，点子和灵感是有区别的。区别就在于这些点子是基于怎样的思维方式产生的。基于利他心的点子就是灵感，必定能成功；而基于利己心的点子是小聪明，则会失败。为自己的小我而生的小聪明毕竟是为了自己，即使一时成功，最终也会因为利己而出现状况，导致进程不顺利。打开智慧宝库的条件：①坚持利他；②付出不亚于任何人的努力。

（3）用上潜意识的努力。

在第三条我们学过人的行动几乎由潜意识操纵。譬如，一个人尽管下了决心戒烟，可潜意识并不是真的想戒烟，于是会产生“就吸一根”的想法。任何事物，只要进入潜意识，身体就会不由自主地行动。要用上潜意识，就需要不断重复行动、重复讲述或持有愿望。

（4）只剩下向神祈祷的努力。

在师父的企业里，曾经有一位员工因为研发工作进展不顺而懊恼哭泣。据说他已经尝试了很多次，还是得不出结果。师父去现场了解情况，问他："你开始向神明祈祷了吗？"师父的话的意思就是"你已经用尽一切办法，做完一切可以做的事，只剩下向神明祈祷了吗？"。

员工听了，说："我再试一次看看。"据说，后来该员工的研发工作取得了进展。

当一个人试遍了所有方法、用尽所有努力，想无可想、做无可做的时候，的确只剩下向神祈祷。

事实上，世间的人在行动时很少做到"想无可想，做无可做"的程度。若在社会上随便询问一个企业经营者，早上几点开始工作，一天是如何度过的，你会发现许多人最早从7点开始行动，中午要午休，晚上按照一般人的下班时间回家，而且一周休两天。师父常说"还是干得不够"，其实一般人的工作时间本就不长。在实施劳动改革后，更出现了缩短劳动时间的倾向。不全力以赴，进行所有尝试，即便向神祈祷也没有用，这样的人也没有资格向神祈祷。

（5）打破框框的努力。

打破自己的常识，这是我在加入盛和塾后学到的。

此外，在始道塾我也听过"穷框框"的说法，指那些局促狭隘、赚不到钱的思想。赚不到钱就无法成功。在读书的时候，我曾经一天睡 9 个小时，后来睡眠时间逐渐减为 6 小时、4 小时。我对睡觉的既有观念被打破了。所以，不要净思考小事，可以多往大处想。

我去北海道参加盛和塾的学习会时，曾经和两位前辈同住一个房间。前辈们一直在讨论经营，迟迟不睡。到了凌晨 12 点，为了工作熬了两个通宵的我实在困得扛不住了，鼓起勇气说："我能不能先去睡觉？"然后先行就寝。既然睡得早，明天我要最早起床，我一边想一边设定早上 5 点的闹钟，闹钟响起后，我按停闹钟，突然觉得周围的气氛有些异样。一看，只见一位前辈在读报纸，另一位在看电脑。前辈们到底是几点睡，又是几点起床的……总之，当时我的心里满是失落与懊恼。我暗暗发誓："今后不论去哪里出差，我都要第一个起床。"那一天，我的框框又被打破了。

（6）保持健康的努力。

对经营者而言，保持身体健康是重要的工作。一旦经营者健康状况不佳，不但会让员工士气低落，而且也很难做出最准确的判断，采取恰当的行动，因此健康很重要。此外，如果身体不健康，就很难做到"付出不亚于任何人的努力"，如需要经常请假去医院看病，或者需要更多的睡眠。因此，不健康有很多弊端。

我保持健康有四大要诀：

- 刻意饿一饿肚子。这样即使减少睡眠也能保持身体健康。
- 吃对身体有益的食物。
- 适当运动与深呼吸。这样能提高体温，提高免疫力，让身体变得柔软，让身躯强健。
- 冥想，这能够消除压力。

（7）横纲力士般的努力。

相扑在日本被称为国艺。在相扑中，最强、最高的级别是横纲，其次是大关、关胁、小结。在小结之下称为前头，一共有30人，前头之下是十两、幕下，共有400～500人。

据说，“大关的训练量是前头的两倍，横纲又是大关的两倍”。要想成为排名第二的大关，需要完成两倍于前头的训练量，而要成为绝对的强者横纲，训练量必须是大关的两倍。

（8）成为专家中的专家的努力。

不要只成为专家，而要成为专家中的专家。成为专家中的佼佼者，使一般的专家也前来求教，这不是很酷吗？让我们把成为专家中的专家作为目标吧。

塾长身为经营之神，为我们这些经营者传授经营方法，正是不折不扣的专家中的专家。我们虽然无法达到塾长的水平，但也可以在自己的行业里成为同行钦羡、渴望求教的专家。打个比方，一般的运动员自己购买工具，按照自己的意志自行练习，然后自己决定参加哪场比赛，拿不到理想成绩就退出比赛。然而，专家中的专家则是能持续打出好成绩的实力选手，是可以指导一般专家的人，是能进入全体前 3% ～ 5% 的专业人士。他们之所以能按照第七条所说的“0.1% 法则”，成为剩下来的 0.1%，是因为他们把成为“专家中的专家”作为自己的目标，不断努力。为此，他们不断寻找能让自己进入前 3% 的东西，朝着这个方向努力。目标模糊，漫不经心地努力是行不通的。

（9）不休假的努力。

“没有休假，但有休息”，我是从塾长企业的关联企业的社长那里第一次听到这个说法。我一开始并不明白这句话的意思，后来才知道，它的意思是：尽管没有一整天的休假，但可以有半天或数小时的休息。据说塾长的企业成立不久，员工们就进入了这种状态。正因为有员工们付出的努力，京瓷才成为今天的大企业。

有一位前辈曾经教我一个办法，就是把一年 365 日、每日 24 小时全部当作工作时间，遇到红白事等不得不去的事情就请假，除此之外的时间全部拿来工作。也就是说，从一年中减去有事的时间，完全没有节假日和周末的概念。一开始我还不熟悉这个方法，没有留下照顾家里的时间，结果妻子三次要离开我。但等我逐渐熟悉了“没有休假，但有休息”这个方法后，就能巧妙地利用时间，既照顾了家里，又实现了一年工作 5000 个小时。幸亏如此，虽然仍不及塾长，但在 60 岁之前我做到了每年工作 5000 个小时，持续了 20 年。

（10）超越阈值的努力。

大家听说过“阈值”这个说法吧？就是当努力的量达到一定程度，人就能突破界线，即使一段时间不努力，能力也不会降低，这条界线就是阈值。

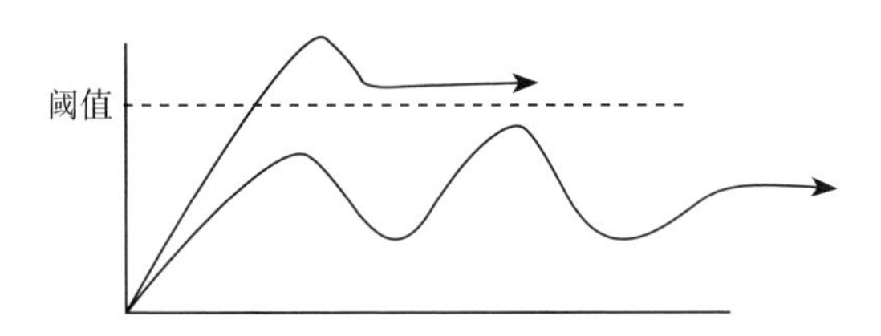

有位社长练习打高尔夫球，打光了两卡车的高尔夫球，技术得到了明显提高，实力也不再轻易降低。在词典里关于“阈值”的解释是“引起感觉、反应或激发兴奋所

需要的最小强度或刺激”，可以把它理解为水的沸点。因此，不是拉长时间、一点一点地努力，而是一口气集中，做出最大限度的努力，这也是一个方法。

（11）二宫尊德般的努力。

二宫尊德是塾长尊敬的日本代表人物之一。尊德出身于贫苦的农民家庭，靠着一锄头、一铁锹地耕耘，让破败的村庄再次兴旺，是江户时期了不起的人物。他勤于学习，早出晚归，比任何人都更努力工作。塾长教导我们，像尊德一样努力十分重要。

尊德在年轻时父母双亡，寄居在亲戚家里。他热爱学习，半夜点着油灯读书，却被叔父呵斥：“你敢随便浪费宝贵的菜籽油！？你只要听我的话好好干活，没必要读书学习！”随即没收了菜籽油。他想，叔父说的不错，于是趁着午休去开垦荒地，开垦出狭长的菜地，播下油菜种子，收获油菜籽后去卖油店那里换油，再次挑灯夜读。这次又被叔父发现，尽管这是尊德自己种的油菜籽换来的油，但叔父认为“你吃我的住我的，休息时间也属于我，在休息时种的油菜籽也是我的”，再次将他的油尽数没收。尊德还是认为叔父说的不错，于是在白天劳作时，一边背着柴火货物，一边也不让两手空着，拿着书本边走边读，这么一来，即使挑剔如叔父也不能责骂他了。

（12）30年的努力。

人有好逸恶劳的倾向，我也不例外。然而，不努力做不出结果，也无法成功。塾长在临济宗出过家，我曾经听过临济宗的一位得道高僧说法。其中有一个“10年小和尚”的故事。

“第一个10年，知道自己的长处，这时很危险；第二个10年，知道别人的长处，开始谨小慎微；第三个10年，知道自己的短处，从此不再失败。”可见，持续干30年才可能天下无敌。

塾长也是努力了30年，才获得了善果。从10年、20年来看，世间或许有“坏人得势，好人遭殃”的颠倒现象，可要是以30年的时间来看，因果是一一对应的。

此外，我所在的日本最大会计师民间组织的创始人饭家毅在开悟后去师父那里报告，师父却说：“再努力30年吧。”于是，他明明已经开悟，可又干了30年。

这么说来，师父一年工作5000～6000个小时，持续了35年，和师父齐名的伟大企业家本田技研的本田宗一郎先生也奋斗了差不多长的时间。而苹果公司的乔布斯一年工作4500个小时，持续了25年。所以，奋斗30年大概是成功的一个基准吧。

我一年工作5000个小时，持续了20年，还远远不够啊。

（13）成为“传说”的努力。

日本有位演讲家中村文昭，他一年举办300次演讲，我也曾经听过两次。他曾经讲过一个“成为传说”的故事。他的师父对他有几个要求，内容如下：“在0.2秒内响应；接受别人的托付等同于接受考验；不说做不到的理由；不说‘我过一会儿做’；超越对方的期待，这样就能变成人们嘴里的传说。”

自从听完这段话，我决定把他人交托的事情当成来自那个人的考验，另外，做任何事都要超越别人的期待，这样对方就会感到惊喜；为人所不为，就能成为别人嘴里的传说。各位不妨试一试。塾长的人生态度与这位中村先生十分相似，因此结合中村先生的话理解塾长的教导，既容易明白，也方便应用。一个人要想成为传说，就要敢为人所不为，挑战不可能。

第五条
销售最大化，费用最小化
——量入为出，不必追逐利润，利润自来

要想幸福，就必须具备一定的经济基础。第五条讲述的就是如何构筑经济基础，也就是钱从哪里来。支出多少费用，获得多少销售额，哪怕多一元钱也好，尽可能多创造销售额与费用之间的差额——利润。“没有钱也能幸福”，从现实角度看，这不过是个幻想。如果丈夫对妻子说：“我虽然没有钱，但能够给你幸福。”这样的话想必没有丝毫说服力。

销售极大化，费用极小化

这个条目中的“最大化”有“极大化”的意思，最小化有“极小化”的意思。因此，不是稍微大一点，也不是稍微小一点，而是竭尽全力获取最大销售额，直到销售额再没有办法增加；尽力削减费用，直到费用不可以再少，

即要求做得彻底。塾长就是要求自己一直坚持这么做的。

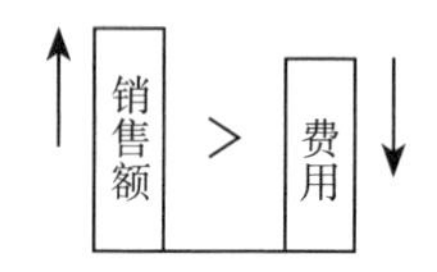

得到金钱的办法

我曾经认真思考过获得金钱的方法，能想到的无非是以下几种：偷、骗、获赠、捡、赌、借、买股票、工作（包含经营）等。偷、骗之流属于犯罪，也没有人会一辈子白送钱，路上没有那么多钱可捡，赌博、买股票虽然有时能赚到钱，可有时也亏得厉害。因此，思来想去，只有工作这一途径。

从事某种工作，通过买卖获得销售额，从中减去费

用，剩下的钱就是收入。因此销售额大于费用是铁打的原则。尽可能少花一元钱，就能多赚一元钱，手里就能留下钱来。这个道理太过浅显，乃至曾经遭受批评，但师父的经营方式十分简单，就是人人都懂的家庭账本式或零花钱账本式经营。

师父曾经说："经营总的来说，不过是销售极大化，费用极小化。"

核算意识优于成本意识

不论费用如何减少，若销售额更低，企业必定亏损。所以，必须同时对费用和销售额进行核算，检视盈余。比起只考虑费用的成本意识，经营者更应该具备费用销售两手抓的核算意识。

为什么是 10%

塾长一直对我们塾生强调："最少要有 10% 的利润率，否则就称不上经营。"这个"10%"是怎么来的呢？据说这个标准是有根据的。师父在 1959 年创立京都陶瓷公司（现京瓷公司）时，年纪可以做他父亲的西枝先生抵押了自家住宅，从银行为他贷了 1000 万日元。在贷款前，西枝先生曾经询问坐在身边的妻子："稻盛君是个经营外行，所以公司有破产的可能，到时候咱们的房子就会被收走，你同意吗？”西枝太太点头同意了。师父心想：“如果我经营失败，这么善良的人的房子就会被夺走，那可就糟糕了。”于是师父起早贪黑地工作，只求尽快还清贷款。结果第一年的销售额为3000万日元，盈利300万日元，利润率为10%。之后他再接再厉，将利润率提升到20%～30%。因此，师父觉得利润率至少要有10%，否则就谈不上经营。

京瓷是怎么“做出”10%的利润率的

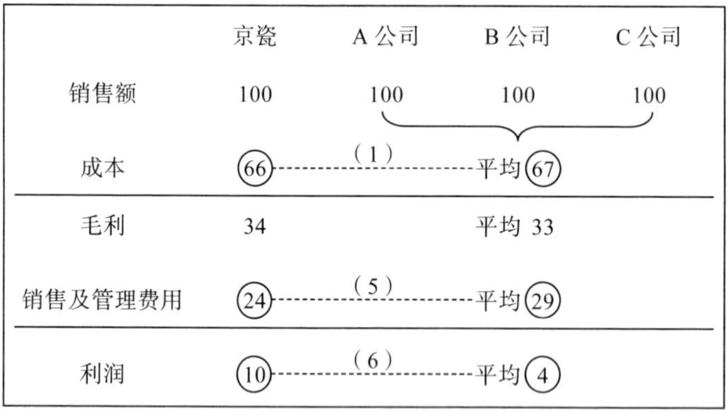

	京瓷	A公司	B公司	C公司
销售额	100	100	100	100
成本	66	（1）	平均 67	
毛利	34		平均 33	
销售及管理费用	24	（5）	平均 29	
利润	10	（6）	平均 4	

看看京瓷竞争对手的决算财报，利润率比京瓷低，究其原因，同样是100的销售额，京瓷的成本比其他公司低了1，销售及管理费比其他公司少了5。1+5=6，可见京

瓷10的经常利润里有6是通过费用极小化省出来的。

原来塾长教给我们的是这样简单的办法，我也能做到，于是我彻底减少费用支出，最终公司的利润率达到了20%～30%。

销售极大化需要客户的配合，而费用极小化只凭借自身意志就能做到。

销售极大化即毛利极大化

有的企业一味提升销售额，可如果没有毛利，即便销售额提高了也没有意义。塾长说过，假大空的销售额毫无意义。

譬如，销售额为10亿日元，其中9亿要付外包费，对于这样的经营者，塾长说道："那1亿日元才是销售额。"的确如此，毛利低就无法支付销售及管理费用，也付不起固定费用，这是很严肃的问题。

在我认识的经营者中，A的公司销售额为50亿日元，利润为5000万日元；而B的公司销售额为5亿日元，利润同样为5000万日元，这两家公司到底哪家更好？对于这个问题，仁者见仁，智者见智，但依照塾长的思维方式，从收益性、收益效率的角度来看，B的公司似乎更好。只是，A的公司的销售额为50亿日元，员工大概率更多，客户数和合作单位也大概率更多，因此企业的收益直接与这些人的幸福挂钩。从这个层面来说，A 的公司更加利他。可是，如果公司倒闭，一切都无从谈起，因此关键是一边保持规模，一边踏踏实实地提升效益，赚取更多利润。

销售极大化、费用极小化的简单规律

如下图所示，根据“销售极大化，费用极小化”的原则，利润会因为以下几个因素发生变化：①提高单价；②降低费用；③增加客户人次；④减少劳动时间。

	①	②	③		④
利润 =	（单价 －	费用）×	客户人次（含复购）		劳动时间
1.	（100 －	99 ）×	1000 人次	= 1000 日元	
2.	（101 －	99 ）×	1000 人次	= 2000 日元	
3.	（100 －	98 ）×	1000 人次	= 2000 日元	
4.	（101 －	98 ）×	1000 人次	= 3000 日元	
5.	（101 －	98 ）×	1030 人次	= 3090 日元	
6.	（100 －	99 ）×	1000 人次	= 1000 日元	÷ 10 小时 =100 日元 / 小时
7.	（100 －	99 ）×	1000 人次	= 1000 日元	÷ 5 小时 =200 日元 / 小时

以算式 1 为基础，看看其他算式的变化。在算式 2 里，单价只提升了 1 日元，利润就变为原来的两倍。算式 3 的费用只下降了 1 日元，利润也变为原来的两倍。算式 4 中，单价提升 1 日元，同时费用减少 1 日元，利润

变为原来的3倍，此时，若客户人次也增加（见算式5），利润也随之增加。算式6、算式7是在算式1的利润基础上，一个耗费10个小时，另一个耗费5个小时，每小时附加价值明显不同，可见劳动时间也非常重要。

双倍劳作，但几乎不花费用

我一直奉行的是双倍劳作且尽量不花费用。双倍劳作，时间属于数量范畴，在平方法则的作用下，1.4的平方大约为2，所以需要比别人多干40%。也就是说，同行干10个小时，你就干14个小时；别人做10次，你就做14次，这样持续干3～5年，你就能获得双倍的结果。

然后是尽量不支出费用。不好面子，尽量降低自己的薪水，租便宜的办公室，买便宜的轿车跑业务——我就是这么干过来的。尽管省下的都是小钱，譬如一个月自己的薪水、房子、交通费各省10万日元，1个月一共就省下30万日元，手里就多了30万日元。1年下来就是30万日元×12个月=360万日元，10年下来就是3600万日元，30年下来就是1.08亿日元。此外，我不但双倍劳作，还从事附加价值高、效益高的工作。师父尊敬的人物二宫尊德说过“积少成多”，就是这个道理。与同行相比，我的企业在财务上极其稳定，也全靠这个策略。

追逐利润也可以

我入塾后不久就听塾长说要有 10% 的经常利润率。在一年年尾，因为利润率还差一丁点儿就达到 10%，所以我指示负责计算薪酬的员工减去我两个月的管理薪酬。当时我将这件事报告给盛和塾顾问，还曾经被训斥“捏造数字、在经营中自欺欺人”。我当时觉得自己是正确的，自己明明是为了守护员工而做出自我牺牲，因此无法接受顾问的批评。

几个月后，在一次塾长例会上有位塾生发表经营体验。他为了保证 10% 的利润率，将销售及管理费用控制在一定数额内。我想，尽管他没有削减自己的报酬，但为了确保 10% 的利润率而减少费用，本质上与我是一样的。那位塾生得到了塾长的褒奖，所以我也没有做错。这和家庭里管账是一个道理，钱不够的时候就削减一些开支，保证手上有钱。

为什么必须实现高收益

（1）强化财务体质。

企业的财务状况需要稳定，有了高收益，在添置必要的设备设施时，就不会为钱而苦恼。我们公司也是如此，在遇到合适的地皮时，立刻当场拍板签合同，直接用内部留存金支付，这也归功于财务状况的稳定。

（2）为未来的经营做准备。

设备需要更新，员工需要涨薪，同时，企业和人一样，也有旦夕祸福，所以，一定要在钱上留有余地。

（3）为了分红。

没有利润就无法回报股东。

（4）为了股价。

为了股东手里的股票价格稳定且能以高价格出售。

（5）为了开拓新事业、实现多元化。

企业想要稳定发展，就需要抓住机遇，不断开拓新事业。然而，靠贷款投资，会产生利息这种额外费用，而且企业会因为贷款而被束缚。

（6）为了并购。

企业能够稳健发展，就会有人找上门来，寻求合并。此时如果手里有钱，一旦遇到优质对象，就可以不靠贷款买下。

销售的本质

要想提高营收，就需要销售。守株待兔不会让销售额增加，不能说什么“我不擅长做销售”。销售是什么呢？是卖产品，还是去获取订单？其实都不是。所谓销售，就是收集顾客的一手信息，听取他们的心声。一旦知道顾客心里是怎么想的，就知道他想不想要产品，对产品是否满意，感觉是否良好，然后我们再做出恰当回应。在品质、技术、交期、服务、价格这五个方面不了解客户的想法，闭门造车，即使生产出产品，也不知道客户是否愿意购买。做买卖要听取客户意见，这样效率才高，也不会浪费精力，这就叫作营销。而自顾自地生产叫作制造。经营是利他的行动，因此，不听取客户的意见，就不知道该怎么做。

销售额 = 贡献额

在世间，几乎没有人会觉得“我已经完全满足了”。想吃更美味的食物，想更早看见美丽的事物，想要这只手表，想要不耗电的产品……因此，为社会做贡献的机会比比皆是。我们经营者在其中做出了怎样的贡献呢？如果没有，销售额就会下降。有的塾生对塾长说：“销售额下降了。”塾长立刻批评道：“你没给别人做贡献啊！”

只要持续为社会做贡献，就会有销售额。

三分产品七分销售

假设公司有十分力，三分用于产品质量，七分用于促销活动的数量，此时结果将为最大值，这是一条规律。

这条规律表明了质与量之间的关系。平方法则并不适用于质量，可适用于数量，因此，我们可以利用平方法则这一自然法则，分配企业的资源与精力。将十分的力用于构建产品质量与促销活动数量，怎么分能获得最大的结果呢？答案是 $3 \times 7^2=147$。因此，三分制造七分销售是能收获最大结果的高效分配方式。

销售额是“做”出来的

塾长常说，销售额和景气要靠自己“做”出来。经营就是行利他，因此，需要找到对别人有帮助的业务。也就是说，重点在于找出顾客的烦恼或痛点。

（1）解决顾客眼前烦恼的产品。

寻找能立刻解决顾客眼前烦恼或困扰的产品，这样的产品能立刻转化为销售额。

（2）解决问题的产品。

解决问题的产品不一定能立刻卖出去，但不久的将来会转化为销售额。

（3）“如果有就好了”之类的产品。

要小心这类产品，顾客对这样的产品并没有需求，也没有购买意向，所以这类产品很难有销路。塾长常说，创造需求，创造市场，而“如果有就好了”之类的产品在这些方面并不清晰。

如何看待萧条

（1）萧条只是竞争变得激烈了。

如下图所示，就像玩“抢椅子”的游戏一样，左边的20家企业争夺20个客户；而右边的情形不同，是20家企业在争夺10个客户——这就是萧条。也就是说，萧条不过是竞争变得激烈了而已。所以，只需要去思考怎样才能保证自己有椅子坐，并按照策略行动。站在原地发呆，可不会有属于你的椅子。必须机敏地选好椅子，仔细谋划如何抢到椅子。

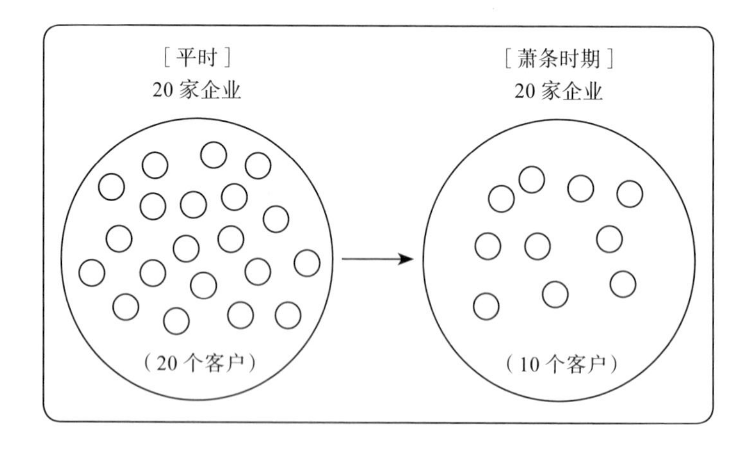

（2）萧条反而是一场机遇。

在塾长例会上，一位塾生发表经营体验，说来自政府的公共工程减少，导致销售额与利润下降，塾长问："你企业的销售额在业界占多少份额？"那位塾生答不上来。于是塾长说："既然不知道，证明你的企业所占的市场份额很小，萧条对你们不会有影响，相反还可能是个机会。"

一旦遇上萧条，由于整个行业的销售额大幅下滑，市场份额排名靠前的企业受到的影响很大；但是，并不是行业里所有公司的销售额都在均等地下滑，因此，对于市场份额小的公司来说，萧条反而是一个良机。在雷曼事件中，通用汽车公司因为市场份额太大，撑不住破产了，而一鲸落万物生，当巨大的企业倒下时，小企业的机会就来了。

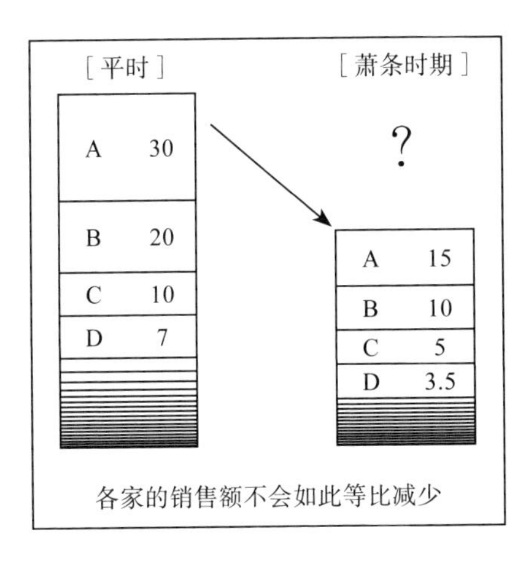

各家的销售额不会如此等比减少

寻找有钱的市场，将手头宽裕的顾客作为目标对象

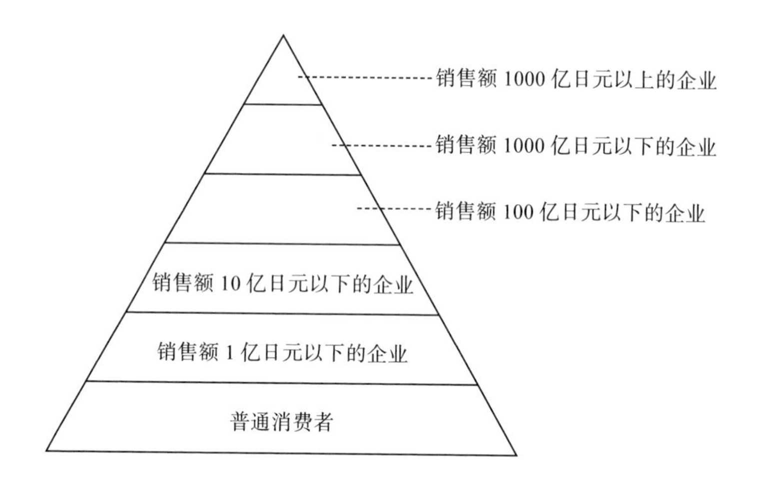

瞄准已经存在的市场

若市场上已经有畅销的产品，只需要在产品上添加某种附加价值，就可能变成新的更畅销的产品。现实中，的确有塾生通过这种方式创造了销售额，企业成功上市。从零开始开发市场，需要花费时间、资金和精力，先行企业已经创造了一定的产品和市场，若能加以利用，创造销售额的效率就会更高。

成为专家中的专家

经营者是销售产品并获取报酬的专家。不过，我们要

成为“专家也前来求教”的专家，即专家中的专家。

我们无须在整个行业的层面取得优势，而是在该行业的某领域、某产品上形成绝对优势，就能在该领域或该产品上掌握市场。与其他公司同质化的产品或服务，是不会被顾客注意到的。

别搞错目标的次序

想必大家都知道安索夫矩阵[㊀]。但是，矩阵的四个象限如何排序，实际上是个重要的问题。因为各象限的负荷完全不同，让我们一起思考按照怎样的顺序排列目标能够尽可能优化效率。

如下图所示，如果把现有产品卖给现有顾客的负荷看作 1，按照竞争法则可以推导出，现有市场 / 新增产品为 2，现有产品 / 新增市场为 4，新增产品 / 新增市场为 16。由此可见，创造新市场的负荷巨大，因为创造新市场很耗费劳力、资金与时间。经营者给负责销售的员工下指令时，需要牢牢记住这些概念。

㊀ 安索夫矩阵是策略管理之父安索夫博士于 1957 年提出的营销策略分析工具。以产品和市场作为两大基本面向，区分出四种产品 / 市场组合和对应的营销策略，以 2×2 的矩阵代表企业企图使收入或获利成长的四种成长性策略。——译者注

产品 \ 市场	现有	新增
现有	1	4
新增	2	16

创造与维护（拓新与持续）

要想创造销售额，首先要创造新顾客，然后让顾客持续购买，即不断创造新顾客，维护老顾客，才能创造销售额。

那么，让我们想想，怎样创造新顾客，又怎样让顾客持续购买，即维护顾客呢？

（1）开拓与创造。

- 理解销售的本质。

塾长说的销售并非指卖产品、签订单，而是收集市场或世间的一手信息，基于这些信息进行产品研发，制定销售风格，其客观结果为产品热销，获得订单。

- 从事创造性的工作。

商机就在其他企业不肯做、做不了或不擅长的事情里。“我能干，我来干，请交给我干”——塾长就是这样接下其他企业拒绝的业务，结果做出了销售额。

- 超出他人预期。

让顾客产生惊讶的感觉，顾客购买产品的可能性就会大大提高。“竟然已经做完了！？”“竟然这么好吃！”“竟然能为我做到这个程度！”像这样超出对方的预期，给对方以强烈的震撼，对方就会因为感动而购买。

- 10倍、100倍销售。

一家家地拜访客户不是不可以，然而，如果可以，要尽可能提高跑业务的效率。拜访10倍的客户会怎样？拜访100倍呢？当从这个角度去思考时，或许就能得出各种各样的创意。譬如，举办业务说明会，邀请10家客户；又譬如，瞄准能让销售额提升百倍的大公司，与它们进行交易。

- 速攻（信息、拜访、签订合约）。

经营即竞争，速度是基本要求。要比竞争对手更快获得精准的信息，更早拜访客户，更早签订合约，拖拉是不行的。

- 拔苦与乐。

秉持“拔除他人的苦难，给予安乐”的精神对待他人，从事活动，赢得他人的满意，被他人喜爱，赢得信任的可能性就会大大提高。

- 第一策略、唯一策略与组合策略。

第一策略就是在行业、产品或地区等成为第一，唯一策略是人无我有，组合策略是将社会中现存的产品、服务或技术等重新组合，创造出新的价值，从而成为第一。

- 多元化。

塾长所说的多元化包括多角化与多面化。多角化指扩大产品类别，多面化则指将产品推广到其他企业客户、行业或地区。

- 采购代理。

不闭门造车，不做制造商的销售代理（product-out），而要做消费者的采购代理（market-in），制造、销售符合消费者需求或期待的产品，这是基本。

（2）持续与维护。

- 提高销售质量。

同样 100 万日元的销售额，有的毛利高，有的毛利低；有的费精力，有的很省力；有的令人满意，有的令人不满；有的今后可持续销售，有的则是一次性买卖。销售额也有质量，要把业务转向那些能够长久持续销售，并能扩大销售的产品。

- 不要把鸡蛋放在一个篮子里。

不能将业务全放在一家客户身上，而要多开拓两三家公司，分散风险，以免出现业务瞬间消失的情况。同理，不要把业务都放在一个行业或地区，而要开拓新行业、新地区以分散市场风险。

- 价值/价格的结果在120%以上。

价值/价格是体现第六条“定价即经营”的分式，若该分式的比值超过120%，销售额就很难滑落，可以的话，分式的比值最好能达到150%以上。

- 易耗品、零部件强于耐用品、成品。

销售耐用品或成品，顾客一旦购买，就可能很长时间没有再买的需求；而易耗品、零部件不同，尽管单价便宜，但能保持稳定的销售量。塾长也没有从事成品业务，而是一直销售易损耗的零部件产品。

- 接近最终用户。

不能只接触代理商或批发商，而要接触实际使用产品的最终用户，因为他们才是购买的决策者。与最终用户保持良好的人际关系是非常重要的。

费用的本质

塾长一直利用“费用极小化”获取利润。要想做到费用极小化，就需要知道有哪些费用，因此，让我们一起看一看费用到底有哪些。

私人费用，即与企业无关的私人花费，不能作为公司费用；形式上的费用指的是尽管有发票或请款单，但该费用实际上是否用在公司上是个未知数；实际上的费用指的确用在了公司经营上的费用，在税务局看来，合法合规；本质上的费用，指不仅用在公司上，还满足以下三点的费用：①能为利润贡献；②能赚取相当于支出金额3倍的毛利；③能如玻璃般透明。经营者除了使用本质上的费用，尽量不使用其他费用。

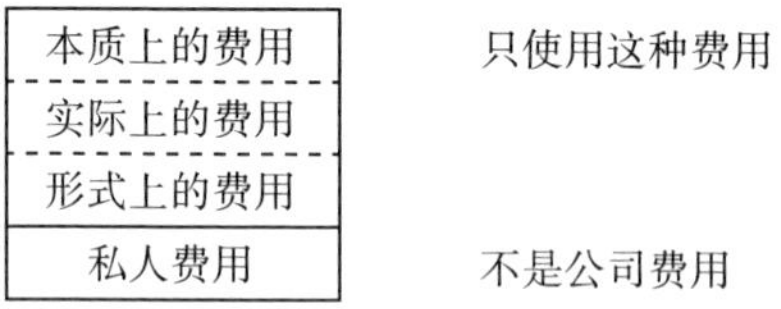

本质上的费用	只使用这种费用
实际上的费用	
形式上的费用	
私人费用	不是公司费用

警惕固定费用

固定费用指的是不论销售额如何上下浮动都需要固定支出的费用。固定费用的两大类别分别是设备设施费和人工费。设备设施一旦买入，折旧费、租赁费、土地使用费或房屋租金等会一直发生。而人工费方面，我们经营企业的目的是追求员工的物心双幸福，所以除非员工违法，不能随意解雇裁员。从这个角度来看，人工费不属于费用，企业经营不到无路可走的境地，绝不要动人工费。

销售额下降，固定费用并不下降，因此，要注意提前将固定费用彻底缩减到最小限度，这样即使萧条来临，企业也撑得住。正因为如此，才需要贯彻擒贼搓绳[一]的策略。师父对于固定费用的增加是非常警惕的。

如何看待税金

我经常看见企业为了避税，财务体质变得很脆弱，结果吃了很多苦头。经营企业的人，难免会觉得“交那么多税太可惜了”“可以不交税就好了”，于是赚了一点利润就当作费用花出去，认为利润少了，就可以少交税。怎么交税是一个企业的自由，然而，很多经营者没有意识到，绞尽脑汁地避税，无异于将绳索套在自己的脖子上，非常危险。塾长说逃税是不行的，也不要花心思避税，还揶揄道：“因为不想交税而挖空心思避税，这样的人一辈子只能做个小老板。”

税金是保障社会运转的必要之物，是方便我们生活的社会投资来源。修建道路不用说，医疗、护理、教育的大量资金都来自税金。因此，经营者拥有“尽可能多交税，让政府能为大家做更多投入”的高尚志向非常重要。此外，税交得越多，企业越有钱。在入塾前，我不明白这

[一] 即先捉贼，再搓绳，指代先确保有订单再投入。——译者注

个道理，帮客户避税，结果客户的财务体质变得脆弱，对此我一直在反省。塾长在创业初期也逃过税，但立刻明悟了，于是转换思想，直接把税金视作费用。也就是说，不是把税前的经常利润，而是把税后的净利润看作自己的利润。

有一位塾生说，因为公司有了利润，所以想在决算时给员工发奖金。塾长对他说："你是不是对员工干了什么亏心事？"意思是平时如果给员工发够了薪酬奖金，就不必特意在决算时发奖金。塾长还问："你公司的员工小学毕业了吗？中学毕业了吗？"日本实施义务教育，孩子们直到上完初中，学费都是由国家用税金支付的。员工在加入公司时，已经接受过义务教育，因此，企业不必教他们怎么写字、算数。塾长认为，像这样无视国家为自己的孩子、员工的付出，不想交税，在决算时想给员工多发奖金以少纳税的思想十分奇怪。

绝对要盈利

航空公司要保证乘客安全，医院要拯救病人的生命，学校要培养未来的人才，这是各个企业、组织的使命。我想，或许不少人觉得，比起盈利，安全、生命、教育更加重要，应该放在前面。然而，塾长并不这么想。塾长认为利润和这些东西同样重要。日航因为长期亏损而破产，谈何守护安全；没有效益的医院维持不下去，也拯救不了生命；学校一旦关闭的话，更谈不上什么教育，因此盈利同样重要。我们经营者一定要持续赚取利润，保持企业的稳健发展。

第六条

定价即经营

——定价是领导者的职责，价格要定在顾客乐于接受而企业也有盈利的交汇点上

定价就是经营本身

塾长没有将第六条写作“定价”，而是写作“定价即经营”，意思是定价不是“标价”，而是“经营”。

那么，“定价即经营”是什么意思呢？意思是要如何经营才能实现有利的定价。当我了悟定价的含义后，公司效益有了巨大提升，经常利润率也稳定保持在20%以上。

塾长为了解释定价，经常给我们讲“夜间拉面摊”的故事。在刚入塾的时候，我还十分不成熟，每当听到这个故事，心想“又是夜间拉面摊”，觉得听厌了。然而，当我明白了这个故事的本质后，强烈地反省自身，在自己还没学到位并做出结果前，要反复聆听“夜间拉面摊”的故事。

让我简单解释一下这个故事。所谓的夜间拉面摊，就

是晚上在街角出摊的小餐饮摊儿，来吃东西的都是住在附近的居民，或喝完酒后来吃宵夜的工薪族。这个故事讲的是“如果是你，你将怎样经营这个拉面摊”。

首先，你会准备什么面？是从外面采购，还是自己加工？如果采购，是采购湿面还是干面，是粗面还是细面，是挂面还是波纹面？如果自己加工，使用哪种面粉？单是面这一项就有无数选择。然后是汤底，汤底是购入还是自己制作？是酱油汤底、肉汤底还是海带鱼类汤底？汤底方面也有数不清的选择。其他还有拉面上放置的配菜、汤碗、拉面摊的外观设计、工作服、接待顾客的方式、摆摊地点、营业时间、顾客群体等，一切都由你自行决定。而当你把这些都定下来以后，一碗面你打算卖多少钱？是以500日元卖给白天上学的学生，还是深夜在高档酒吧街摆摊，卖1000日元？像这样，根据经营方式的不同，所定的价格也完全不同。我觉得，只要用心，经营是一门深奥而充满乐趣的学问。

定价定的是价值

一谈起定价，一般的思路是进行成本叠加，即在成本上加上各种费用，再加上一定的利润，定出售价。然而塾长并不这么做。塾长认为，要按照产品价值定价。也就是说，用成本叠加法，产品应该卖1000日元，可是，如果其他店铺卖800日元，受市场价格的影响，1000日元的产品就会滞销。市场价值决定了产品的售价。

那么，什么是价值？就我所学，价值是品质、技术、交期、服务与价格。

产品的市场价值取决于企业在这五方面的综合表现，经营就是如何提升这五方面的价值。就拉面摊来说，做出的乌冬面能否畅销，取决于顾客感知到的价值，如何提升价值感就是经营。

定价定的是单价

$$销售额 = 单价 \times 数量$$

这个公式中的单价，就是定价。

单价太高，产品就卖得不多；单价太低，即使销量大，利润也很微薄。塾长常说"定价是领导者的职责，价格要定在顾客乐于接受而企业也有盈利的交汇点上"，然而，精准地找到这个交汇点非常困难。顺便提一句，我采用的是通过提高服务价值提升单价的做法。

定价就是把命攥在自己手里

塾长曾经坦言，他起初并不觉得定价那么重要，后来才突然意识到定价非同寻常的重要性。在日本，有的塾生曾经研发出放置在厨房水槽一角的滤纸，可谓是转折性产品，却因为定价太低而失败；也有塾生研发的蟑螂药丸定价精准，每年稳定获利 15%。定价真的太重要了。

塾长常说“定价是扼喉抚背的大事”。查字典可见，“扼喉抚背”比喻“控制要害，制敌死命”。一般来说，购买产品或服务的决定权 100% 在顾客手里，因此，企业的命是攥在顾客手里的；然而，如今，作为经营者，要把企业的命攥在自己手里。也就是说，我们要将企业经营到“在顾客面前也处于优势”的地步，由此我深刻地理解了塾长说的“赢得顾客尊敬”的意义。

定价无关价格贵贱，而在于价值的创造

塾长曾经给我们讲过柠檬水与养乐多的故事。柠檬水就是看起来像汽水一样的清凉饮料，在我小时候，一瓶柠檬水卖几十日元。后来美国的可口可乐进入日本，塾长喝了以后，觉得可乐带着一股药味儿，不是很好喝，而且价格还那么贵，一定卖不出去。然而，结果相反，可口可乐成了热销产品，原因是可口可乐公司给零售店铺许多返点，并为这些店铺制作了门面招牌，所以店铺老板都觉得与其卖柠檬水，不如卖可口可乐。还有，养乐多那么小小

一瓶，容量很小，但是销得很好，原因是养乐多中饱含乳酸菌，可以调整肠道环境，是健康饮品，且养乐多公司采取给促销员“养乐多女士”提成的销售方式。

这两个案例告诉我们，产品本身价格高低并非关键，企业通过设计，让产品即使价格贵也卖得出去。请各位一边参考一边琢磨，可以为自己企业的产品创造怎样的附加价值。

定价直接影响利润

在长野县轻井泽的塾长例会上，发生了这么一件事。当时日航的重建工作正在顺利推进。一位负责招牌设置工程的塾生发表经营体验，在给客户报了价，确定工程价格后，客户又要求降价 10%，该塾生无奈之下只好降价，导致没有利润。塾长点评道：“如果是我，不会这样经营。举个例子，假设工程款是 300 万日元，预计有 10% 的利润即 30 万日元。假设客户要求我降价 10%，我会在收到消息后立刻召集各部门负责人商议，彻底审视各项成本、费用，看看怎么才能降低 10%。然后，向客户仔细讲解报价内容的变化，并恳请客户理解并接受。若能获得客户认可，按照调整后的方案执行，这个工程的最终利润是 27 万日元，只减少了 10%。”

塾长的话听起来似乎很寻常，可要做到谈何容易。让我们一起看一看，轻易降价会对最终利润产生怎样的冲击。

由下图可见，左边的利润表（P/L）里降价 10%，售价就会变为 90，如右边的利润表，而本来 10 的利润直接减少为 0。有些人有种错误观念，认为销售额降低 10%，利润只减少了 10%。况且决定降价的往往不是经营者，而是负责销售的员工。销售员意识不到降价的危害，容易草率地做出降价的决定，签下合同，所以对于降价决策一定要谨慎。

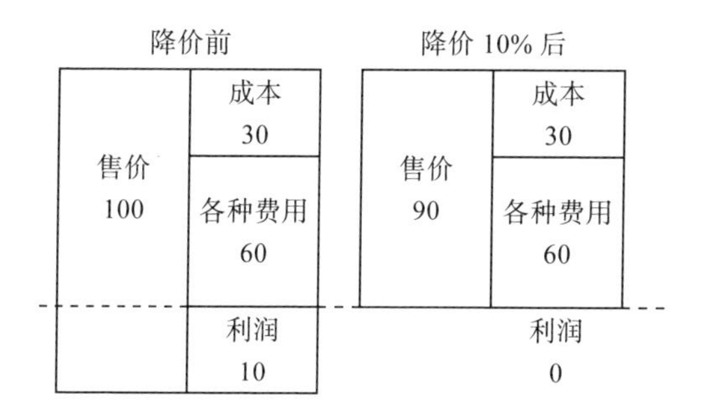

盈利点是浮动的

价值会因为顾客对产品的认同感，竞争对手动态以及因社会局势变动而高涨的材料费、燃料费等发生变动。因此，过去的定价很有可能不再产生利润。定价的目标就像射箭运动中的活动箭靶，是时刻变动的。

时刻不忘价值 / 价格分式

下图是定价分式，希望大家认真理解这个分式之中分子和分母的关系，并时刻不忘。分母“价格”是自己公司制定的售价，分子“价值”是顾客感知的价值。分母与分子的主语是不一样的，难就难在这里。如果无法准确了解顾客的感受，就会出现下面的情况：顾客表面满意，实际抱怨；或者虽然面无表情，让人以为很不满，实际上却极其满意。因此，定价真的很难。

	200%	尊敬	信徒	非常赚钱
	150%	感动	忠诚者	赚钱
价值/价格 =	120%	满意	复购者	不赚钱
	100%	接受	接受者	迟早倒闭
	不到 100%	不满	投诉者	马上倒闭

把自己企业的经营或业务套入这个分式，得出的值若低于 100%，经营可谓不合格，企业必然倒闭。或许我们会认为，分式的值最低也要达到 100%（“接受”的水平）；可是我们从事经营，必须获取合适的利润，成为高收益企业。从这个角度来看，我们经营者应该将分式的值达到 150%（“感动”的水平）作为自己追求的目标。

提升这个分式的值的方式无非两种：①降低价格，②提升价值。

降低价格就是进行价格竞争；而提升价值就是进行价值竞争。我们还是要从事“价值竞争”。

定价是领导者郑重庄严的大事

在前文论述“定价就是把命攥在自己手里”时，我提到了一位制造并销售厨房滤纸的塾生。他在接受塾长点评的时候回答：“我把定价交给了负责销售的员工，结果遭遇了重大的失败……”

塾长经常对我们经营者说：“如果不能保障员工的饭碗，就辞去社长职务。”因此，对社长而言，定价是郑重庄严的大事，是需要领导者拼命去做的事。定价是领导者的职责，绝不能甩给员工随意处置，即使要交给员工，领导者也必须认真审核，在领导者没有发出“可以”的指示前，员工不能随意决定产品价格。

定价要同时观察三方，通盘考虑

正如价值/价格分式所体现的，定价中存在我们的公司与顾客（市场）两方，此外，还包括了像自己一样以获取顾客为目标的竞争对手，所以，这个分式其实包含了三方。

定价，定的是价值，所以有必要对影响顾客价值感知的因素一一检视。定价时不仅需要考虑三方，还要考虑社会的动向与趋势，如货币升值贬值、物价涨跌、租赁行情、气候变化、流行趋势等，要考量诸多因素。

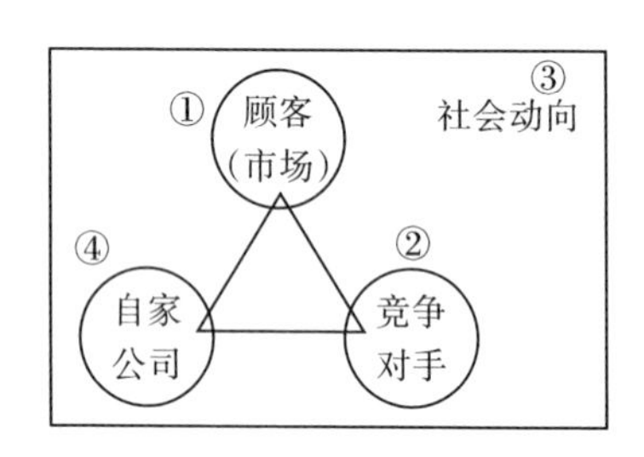

价值分析

塾长说，在定价时不能一味依赖别人，如要求供应商降价等，而要从改变设计方案的角度考虑。在已经确定售价或无法再提升价格的场合，要想赚取利润，就要琢磨怎么减少成本，这一点非常重要。

减少成本，并不是简单地降低制造或服务成本，而是从根本上重新审视制造方法。是不是可以改变设计方案，少用一半的零部件？是不是可以选用全新的材料制造？总之，从根本上改变思路，进行考虑。

定价包括决定买入价与卖出价，所以是“领导者的职责”

塾长说过，核算意识优于成本意识，原因是核算意识时刻考虑的是销售额与费用之间的差，即利润。社长为了保障员工生活，必须拼命获取利润。因此，在决定卖出价的同时需要时刻把买入价放进脑子里，并积极谈判。这么重要的工作的确不能假手于人，只有领导者能做。

为了定价

- 为了给顾客提供更多附加价值，需要智慧、钻研与努力。
- 把对手带进自己的“摔跤场”。
- 鼓起勇气谈判。
- 需要参照第一条“目的”。
- 由衷地希望对方幸福。
- 依据售卖价值进行制造。
- 询问顾客“多少钱您会买”。
- 形象态度、一举一动都要体现“哲学”。
- 比照着良知行事。

第七条

经营取决于坚强的意志

——经营需要洞穿岩石般的坚强意志

从这一条开始，我们就进入经营十二条的后半部分了。后半部分从体现精神的三个条目——意志、斗魂、勇气开始。

第一个是意志，注意“意志”与“意思”是有区别的。意志不仅是一个人的思想意识，而且是志向，即“我想这么做”的强烈愿望。在这里让我们一起好好学习。

对于意志，人们通常用“强、弱”来表现。大多数人的意志都是弱的，我也一样。有时我们有一些想法，也开始行动，却坚持不下去，所以才觉得自己意志薄弱。即便是塾长，最终也没有成功戒烟，单就这个方面而言，塾长的意志也不强。

因此，首先坦诚地承认自己意志薄弱，这一点非常重要。然而，经营者意志薄弱的话，就无法从事经营，因此我们要认真仔细学习这一条，使自己具备意志力。

何谓意志

1. 意志就是目的、目标、愿望

早在我2001年入塾前，“经营十二条”的前身本为“六项精进”中的六条，接着变成“经营七条”“经营十一条”，直至进化为现在的“经营十二条”。

在还是“经营七条”的时候，“意志”并没有被单独剥离，成为一个条目，而是包含在第一条“心怀强烈的愿望”中。在解释“经营七条”的第一条时，师父说：“强烈的愿望就是目标、希望、心愿、坚强的意志与锐不可当的斗魂。”

所以，这里的“强烈的愿望”指的是意志。意志既是目的、目标，也是“我希望怎样”的强烈愿望。

经营七条	
第一条	心怀强烈的愿望
第二条	付出不亚于任何人的努力
第三条	临事有勇
第四条	不断从事创造性的工作
第五条	进行数字管理
第六条	以关爱之心，诚实处事
第七条	时刻保持乐观开朗，怀抱梦想和希望，坦诚处世

2. 意志安静平和，却体现了强烈的愿望

师父常说：“意志不是暴风雨般猛烈而躁动的心灵状态。况且，要想事物发展，需要发自内心的沉着冷静、平和而强烈的愿望。”换个说法，就是决不放弃，在不行的时候，依旧不认为走到尽头，而认为才刚刚开始。意志是永不言弃的精神。

每滴水珠都是安静的，力量都是微弱的，可长时间坚持，再坚固的岩石也会被滴出洞来，这就是“洞穿岩石”的含义。

3. 意志是坚持，是不停止

简单地说，意志就是不放弃，换个说法就是坚持。

“那个人怎么还没有放弃，还在努力！？”意志坚强的人常常给周围的人带来这种印象。因此，不放弃就好。也就是说，中途休息一下是可以的。即使中断了，只要继续做下去就好。只要不断重复这个过程，从客观结果来看，意志将转化为强有力的行动。正因如此，我身边的人都以为我意志坚强。

4. 0.1% 法则

我在 20 来岁时就知道了这个法则，随后逐渐养成了

不逃避与坚持的习惯。我之所以知道这个法则，是因为我所在的日本会计师民间组织的创始人饭冢毅的一个少时故事。顺便提一句，饭冢先生创建了世界最大的会计计算中心，是为日本财会行业奉献终生的伟大成功者。

饭冢先生在读初中时，从住地枥木县来到东京站前的丸大厦（丸大厦现在仍然存在），饭冢先生的叔叔当时在那里从事牙医工作。饭冢先生当时去丸大厦找叔叔，难得来东京一趟，少年饭冢来到丸大厦屋顶的天台眺望风景。大厦下方就是东京站，站内电车进进出出，数十万人上车下车。看见这个画面，少年饭冢垂头丧气地回到叔叔的牙医诊所。叔叔问："你怎么了？"他回答："世间有那么多人，光是我看见的就有好几十万，要想像叔叔这么成功，就必须和那么多人竞争，真是太难了。"

叔叔听了，笑了起来："那些人一旦遇到问题或困难，99.9%都会打退堂鼓，只要你不后退，就能成为剩下的0.1%。"饭冢先生将这番话当作人生的"金科玉律"，最后获得了巨大成功。

这个故事体现的是一个法则：世间99.9%的人一定会打退堂鼓，只要你坚持下去，就能成为剩下的0.1%，成为千里挑一的人。

我知道了这个法则后，曾经仔细观察身边的人。的确，1000 人中有 999 人会主动放弃并退出。利用这条法则，我通过了税务师资格考试，在工作中也做出了成果。

5. 没有任何借口

我们可以下决心不找任何借口。

人类有动不动就给自己找借口的习性，因此，我下决心杜绝这种行为。在入塾时，我从静冈塾的前辈那里学到了“就连邮筒是红的、电线杆是高的，都是我的错”。邮筒上是什么颜色，电线杆竖多高，上面是否连通电线，这些决策与我并没有关系，尽管如此，也当成是自己的错。这么想来，比起邮筒和电线杆，离自己更近的企业发生的一切，自然都是我的责任。人一这么想，就不会逃避，也逐渐不会再找借口。

6. 像锥子般聚焦

只要将力量聚集在一点，即使力量很弱，也能洞穿岩石。

这是一位前辈教我的。他从衣服口袋里取出一支笔，先用手用力推眼前的墙，墙壁自然纹丝不动；随后，他用笔尖抵在墙上，告诉我哪怕只有笔尖这么小的力量，但只要一直转动，就能在墙上钻出个小洞来。所以，只要把力量集中在一点，就有可能取得突破。我想大家都曾经做过类似的实验：用放大镜将阳光聚集在一点，并让这一点落在纸上，纸就会变得焦黑，经营也是同样的道理，诀窍就在于高度聚焦。

7. 凭“忍”一字

忍耐有两种，一种是忍受不喜欢的事物，另一种是吃苦耐劳，以坚强的意志把好的行为坚持下去。这里的“忍”指的是后者。

我们从师父那里辛辛苦苦学了那么多好东西，不付诸实践就太可惜了。既然已经知道动手做就能幸福，剩下的就是去做，而且是坚持做。

8. 正向思维

正向思维是一种扭负为正的思维方式，即每当有坏事发生时，保持从正面的角度去看待事物。

在师父之前，日本的经营之神是松下幸之助先生。松下先生白手起家，仅凭自己一代人就创造了松下集团（如今的 Panasonic），获得了巨大成功。当别人问他成功秘诀是什么时，他回答了以下三点：

- 学历低。
- 家境贫寒。
- 体弱多病。

在一般人看来，这三点明明是造成人生失败的因素，松下先生却将其看作人生否极泰来的理由：

第一，学历低。

松下先生小学就退学了，没有上过多少学，也没有多少知识。正因为如此，他才能坦诚地听取各方意见，不断提高自己，做到“善听”。相反，有高学历的人常常认为向他人请教是丢人的表现，因此听不进别人的话，以前我也有过类似毛病。可是，松下先生是小学学历，所以没有这样的心理包袱，能轻松地虚心求教或听取意见。

第二，家境贫寒。

因为出身贫寒，松下先生比一般人更渴望赚钱。从学校退学后，松下先生就当了学徒，给人打杂跑腿。来到店里的客人常常叫他帮忙买香烟，剩下的零钱就作为他的跑腿费。松下想，原来帮别人买烟能赚钱，于是态度积极，手脚勤快，经常给客人买烟，以此赚取外快。如果他出身富有，自然就不会那么积极了。

第三，体弱多病。

松下先生体弱多病，经常卧病在床，所以做不到师父所说的“付出不亚于任何人的努力”。既然自己动不了，唯有调动周围的人。“付出不亚于任何人的努力”需要全面调动身体、头脑、心灵三个要素，身体虽然不行，但松下先生充分使用了余下的头脑和心灵，成为鼓舞员工的天才。

9. 原田大助小朋友的诗

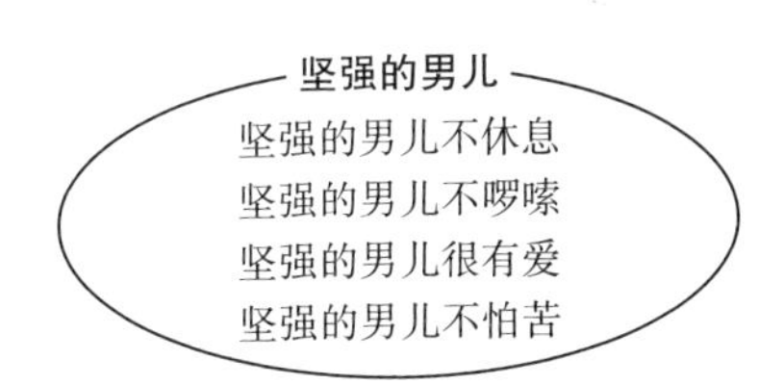

这首诗是盛和塾的前辈告诉我的，在我心里留下了深刻的印象。这是一位特殊学校的学生原田大助的诗，揭示了“坚强”的本质，与他相比，作为成年人的我感到自惭形秽。我不会忘记这首诗，今后还会继续努力。

10. 意志是方向盘

一辆汽车就算有发动机，倘若方向盘只能向右打，无法向左打，这辆车就不知道会驶向何方。驾驶员靠转动方向盘，让汽车到达目的地。意志发挥着方向盘的作用，必须由自己决定走向何方，也类似于飞机的操纵杆、船只上的舵。

11. 意志是生命本身

意志就是生命。每个人在人生中都有为之拼上性命的事物。不过说是拼命有些夸张，可以改为“充分发挥自己的生命”。

使命从字面上看，就是“使用生命”。一个人要拥有具备使命感的目的、目标或愿望。我想，这就是使命、意志的含义。

培养意志的方法

1. 降低幸福的标准

幸福的标准因人而异。假设有个人一天吃三餐就觉得很幸福，他幸福的标准就是一日三餐；可若工作忙，一天只能吃两餐，他的幸福感就会减少，更不要提只吃一餐，这对他来说无异于陷入不幸。然而，把两餐视作幸福标准的人，一天吃两餐就觉得很幸福，像我这样以一餐作为幸福标准的人，即使只吃一餐也很幸福。

天气也一样。以晴天作为幸福标准，每逢雨天，就会情绪低落；而以阴天当作幸福标准，遇到阴天也觉得幸福，如果能遇到晴天，就立刻觉得自己幸运极了！

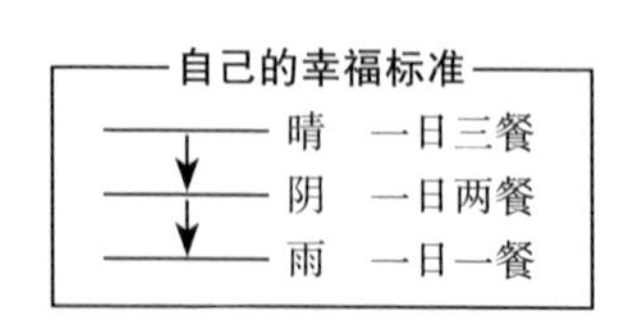

这个方法是我们从塾长身上学来的。塾长明明是个超级富有的人，却连吃一碗380日元的牛肉饭也觉得非常幸福，还常说“能活着就是幸福”。塾长的做法只不过是“降低幸福标准”的实际应用。

2. 强制石膏

这里的“强制”本来正确的写法应该是“矫正”，但是，我想强调的不是“为了矫正而打上石膏”，而是为了强制自己而打上“石膏”，因此我斗胆把它改为“强制”[㊀]，所以，“强制石膏”是我生造的词。

塾长教过我许多好东西，可我总是很难付诸行动，即便行动了，也常常坚持不下去。这样的话，加入盛和塾就没有意义。所以，为了逼迫自己践行塾长所教的东西，我罗列了几个实践条目，并把它们写进《社长承诺书》，在上面白纸黑字地写道“我若不能遵守这些承诺，就辞去社长职务”，并捺印为证。我所设立的实践条目包括一年工作5000个小时，实现10%的利润率等，总之是严格的清规戒律。我虽然意志薄弱，但并不想辞职，所以拼命践行，每年都实现了承诺。多亏这个方法，我付出了不亚于任何人的努力，企业也实现了高收益。

㊀ 强制和矫正在日语中读音接近。——译者注

3. 对标

自己一个人即使努力也做不到的事，如果能从身边找到不论经营还是人生都比自己领先、优秀、帅气的人，不妨对标此人从事经营或度过人生。总之，模仿这个人，参考他的做法，追随他。这就好比在马拉松比赛里，紧紧跟着冠军热门选手奔跑一样。

4. 培养勇气的方法

若拥有第九条的勇气，意志自然得到培养。这一点在第九条有详细说明，请参考后文。

第八条

燃烧的斗魂

——经营要有不亚于任何格斗家的强烈斗争心

我刚加入盛和塾的时候，发现关于第八条“燃烧的斗魂”的内容最少，而且我也很不擅长运用这一条。可事实上，身为塾生，在一边努力学习一边用心实践后，我发现自己在不知不觉中逐渐具备了斗魂。对于斗魂的理解与实践，我的看法与过去相比有了很大转变。

师父说，单靠善心是经营不了企业的，经营者还要有直面“企业持续盈利”这一严峻现实的气魄与锐不可当的斗争心。据闻，1991年京瓷内部期刊《敬天爱人》的大标题是“战斗吧，京瓷人！”可见不仅对经营者，京瓷对员工也要求有勇猛的斗志。

在经营企业的过程中，不仅会遇见竞争对手，还会遭遇各种意外，各种各样的困难会突然袭来，如剧烈的货币升值贬值、经济波动、国际争端、自然灾害、工厂失火、人患重病等。而直面这些困难或强敌的，便是斗魂。“什么玩意儿”“咬紧牙关”“绝不服输”，经营需要这种勇猛的气魄。

师父常说，没有斗志的人造成不了什么损失，所以或许没必要提高心性。经营者总是被迫面对激烈的斗争，因此强烈的斗争心是无论如何都必须具备的。

何谓斗魂

1. 向外迸发的力量

斗魂与第七条的意志不同，是周围的人可以看见的东西。即一个人是否有斗志，别人一眼就看得出来。斗魂是时刻力争上游的气魄，是即使吃了对手拳头也毫不胆怯，是坚强果敢。斗魂并不意味着使用暴力，而是指精神方面的强大。师父常对那些说“我很怕打架”的经营者说“你还是别干经营比较好”，原因是经营者需要不比格斗士的破坏力逊色的强烈斗魂。

我们曾经听说过塾长的故事。他曾经以绝不服输的精神站在几个彪形大汉面前。京瓷曾经接过一个美国上市公司A公司的订单，要求在精密陶瓷之间注入融化的玻璃，制成制品。有一次，提供玻璃材料的B公司来电，想见一见塾长。当时B公司是一家比京瓷体量大得多的公司。

塾长去了B公司后，对方有8个人，提出“我们公司会从你们那里采购精密陶瓷，然后卖给A公司。把A公司的业务交出来，否则我们这么大的公司，大可以自己制造精密陶瓷直接卖给A公司”。面对8个魁梧大汉的威压，塾长也不是不害怕的，但依旧撂下话：“我们不会把精密陶瓷卖给你们，你们想要的话就自己造吧，我一定会跟你们战斗到底。”说完拂袖而去。

2. 并非弱肉强食，而是适者生存

有句话叫作弱肉强食，就是强者击溃弱者。师父认为欺负弱者是男人的耻辱，绝对不能做这种事。尽管如此，面对弱者也不能毫无原则。

为了生存，为了守护员工或伙伴，经营者需要下定决心不认输，比任何人都努力。斗魂不是去搞垮其他企业，让自己一家独活，而是为了活下来而拼命努力，其客观结果是其他企业落败，自己取得胜利并成功地生存下来。

我在“经营十二条实践”的讲座中，经常拿树木做比喻。假设有一片小树苗。在树苗幼小时，土地、阳光、地底的水分营养是充足的，然而，随着树苗不断生长，树干变粗，枝叶不停向旁边、上方伸展，树木之间的空隙逐渐消失，各棵树开始相互争夺水分营养，为了更多地接受阳

光照射，枝叶尽可能地向着太阳伸展。而那些在这场生长竞赛中落后的树木则被遮蔽，逐渐失去生机。就这样，树与树之间的差距逐渐拉开，最后弱小的树木渐渐枯萎。那些活下来的树木有击垮枯萎的树木的意图吗？绝对没有，它们只是为了活下来，而竭尽全力地朝着太阳或土地中的水分、养料生长，如此而已。

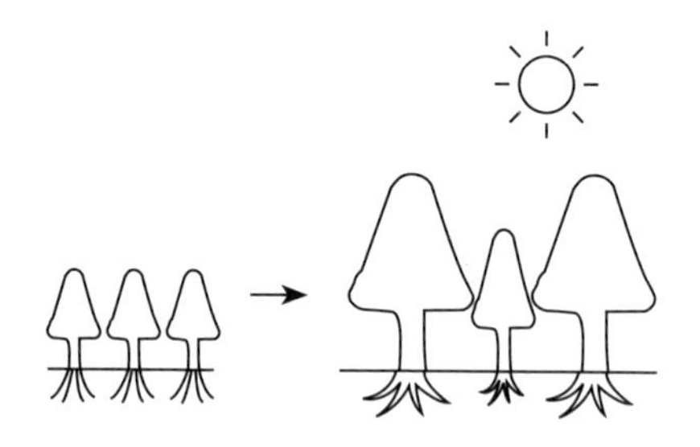

3. 为了利他

斗魂并非在任何时候、任何地点，对任何事物都适用。为了什么而使用斗魂，这一点非常重要。我想，基本有以下三种场合：

- 为了自己成功。
- 当遭受敌人袭击时为了保全自身。
- 为了保护所爱的人。

在这里，我分享一个师父关于“馒头”的比喻。假设天上不停地掉下馒头，经营者为了养活员工，扑上去抢夺，其他人也在拼命伸手抓抢，甚至有些肮脏的手从旁边伸来，企图夺走自己已经抓在手里的馒头。其他人抓到馒头后，生怕自己吃不着，急急忙忙地往嘴里塞；而经营者抓到馒头后不是自己吃，而是赶紧递给身后的员工们。就这样一边抓一边向后递，再抓再递，十分辛苦。师父在告诉我们，经营者不是为了自己吃饱饭，而是在为了员工而拼命战斗。

再比如，小鸟在鸟巢中嗷嗷待哺，鸟妈妈为了保护小鸟们，可以用自己作为诱饵，将老鹰之类的猛禽引走；甚至明知不敌，鸟妈妈依旧勇敢地挡在比自己体型大得多的敌人面前。这是因为鸟妈妈有拿出斗魂的理由。所以，即使害怕得瑟瑟发抖，也会展示斗魂。

4. 大善

在“京瓷哲学”里有一条：小善似大恶，大善似无情。父母因为太爱孩子，所以溺爱孩子，导致孩子长大后不但不成才，甚至不成人，结果人生变得不幸，这样的“爱”实际是大恶。要想将孩子培养成真正的优秀人才，就必须严格要求。这种“要求成长”的严格，乍看上去很无情。大善就是狮子将自己的孩子推进谷底般的极致的爱，这可以说是一场与自己的战斗，这就是斗魂。

师父有一句名言：严于律己，严以待人。对人严格是真正的爱。听说师父对待京瓷员工的严格程度远远超出我们的想象，在这份严格之后是师父深深的爱，所以员工才会追随他。

5. 与最强大的敌人搏斗

对你来说，最强大的敌人是谁？是最大的竞争企业吗？还是最近不断对你们发起进攻、锋芒毕露的新企业？

都不是，最强大的敌人是自己。这里的“自己”，指的是在定下目标后，懈怠、灰心、缺乏毅力、屈服在贪念之下而干坏事的自己，与这些“自己”搏斗相当棘手。为了获取金牌，给自己制订了严苛的训练计划，却因怕苦，训练时偷工减料，结果输掉比赛，金牌无望。最强大的敌人从来都不是别人，而是自己。

6. 斗魂即斗争心

据闻，京瓷推崇伴随着格斗技般激烈斗争心的挑战。对于京瓷而言，需要满足以下三个条件，才能称之为“挑战”。

- 具备敢于面对任何困难、迈出第一步的勇气（第九条）。
- 一旦开始行动，具备耐力与坚强的意志，不论多么辛劳都不厌倦（第七条）。

- 持续付出不亚于任何人的努力，反复钻研创新（第四条、第十条）。

我们常常一有“想试试”“想挑战一下”的感觉，就轻易地称之为“挑战”。然而，挑战并不是那么儿戏的，我们必须把这一点牢记在心。

7. 注入灵魂

斗魂里有“魂”一字，其中有叩问自己“是否注入了灵魂”的含义。

你对自己的工作注入了灵魂吗？你对经营注入了灵魂吗？你在全心全意地做吗？你是动真格的吗？你真的下定决心了吗？

8. 主动出击

首先，要带着必胜的信心主动出击，挫败对方的锐气。

在日本战国时期，一统天下的丰臣秀吉每当出征，都带着可折叠的黄金茶室。每征伐一地，他都会搭起茶室，邀请该地守将前来。因为没人用金子打造茶室，所以，进入茶室的武将都大吃一惊，觉得这个人很难对付，不能与之抗衡，于是心生败意。丰臣秀吉是在展示自己在力量上的绝对优势。中国的《孙子兵法》中也有“不战而胜”的谋略，这便是“不战而胜”。

向对方展示压倒性的优势，也是斗魂的一种。正所谓“出头的桩子先挨砸，出头太长的桩子砸不了”。

9. 第七条和第八条就像硬币的正反面

斗魂的背面是意志，而意志的背面是斗魂，两者为一体两面。平时，意志使我们遇到困难不放弃，有毅力，能坚持；而在关键时刻，斗魂使我们敢于直面困难。

“不屈不移，可不卑不亢”“不卑不亢，则不屈不移”是斋藤一人先生（被称为日本第一的富翁）的名句，说的就是斗魂和意志的关系。

10. 拼死力

拼尽死力给人一种“用尽最后力量奋力一搏”的印象。

俗语说：“兔子急了也咬人”。我从电视上看到过这样的画面：野生动物在即将被吃掉时，会集中浑身力气反咬回去。看见自然界的残酷无情，我有一种难以言表的复杂心情，但或许，这就是生命做出的最后决定——不是胜利，就是死亡。

11. 强烈的责任感

师父说，经营者一旦对自己的企业或员工有一种“无论如何也要守护”的强烈责任感，心就会变得沉着，斗魂也会自动显现。

斗魂也可以称为强烈的责任感。缺乏强烈责任感的人是很难有斗魂的。以强烈的爱作为底色的斗魂，才是真正的斗魂。请问，你对员工有极度的责任感吗？

12. 绝不服输

2011 年 3 月 11 日，日本东北地区发生了大地震。在地震、海啸和核事故之下，该地遭受了前所未有的破坏，许多生命和财产随着海啸化为乌有。灾难如此巨大，情况如此悲惨，乃至有人发出了“东北地区还能复兴吗”的悲叹。

东北地区是职业棒球队东北乐天老鹰队的大本营，该队在东北仙台的棒球场举行了比赛。为了让愁云惨雾的东北尽量重振信心，在有众多东北民众前来的赛事中，东北乐天老鹰队绝对不能输。东北乐天老鹰队的队长岛选手在击球后，球咕噜咕噜滚了出去，但他全力奔向一垒，以全身贴地前扑的姿势滑垒。作为一位需要全年持续参赛的职业棒球选手，前扑滑垒是被禁止的，做这样的动作会遭到教练训斥。但是，岛选手下定决心：“为了士气低落的东北民众，无论如何也要取胜。”他用出了被禁止的前扑滑垒动作。他的英姿点燃了观众和其他球员的热情，最后东北乐天老鹰队在这场比赛中取得了胜利。为了给被地震和海啸重创的东北民众带来希望与勇气，无论如何也要取胜，这就是斗争心，即斗魂的体现。

斗魂的类型

①不断努力、提升实力、具备自信的斗魂。

②虽然缺乏实力，但为了正义与爱而产生的斗魂。

③兼具①和②的斗魂。

当然，③才是最强的斗魂。

培养斗魂的方法

与意志一样，只要具备勇气，就能拥有斗魂。因此请参考后面第九条“培养勇气的方法”。

第九条

临事有勇

——不要有卑怯的举止

这一条虽然是第九条，顺序上比较靠后，实际上是非常重要的条目。塾长常对我们塾生说，没有勇气的人会给员工带来不幸，这样的人请不要担任社长。第九条对于领导者而言就是如此必不可少的。下面我依次给各位说明。

没有勇气就不要从事经营

1. 行动的勇气

人生方程式中的热情，直白地说，就是行动（action）。师父常说，不论思维方式多么利他高尚，不付诸实践就没有意义。勇气指的是向前迈出一步的勇气，即行动的勇气。所以，不行动的人的工作、人生不会发生变化，也做不出成果。

2. 分解“因”

师父用人生方程式将因果中的“因”分解为三个因

素。为了得出结果，就必须造相应的因。所谓造因，就是行动。塾长说，学习、觉察、实践即知识、见识、胆识。知识就是单纯的知识，即知道各种各样的东西；见识是对知识深入理解并达到能够解说的状态；胆识是进一步实践，直至做出结果的程度，并不简单。要达到胆识的层次，才算成为因果的因。因此，没有勇气的人（即实践不了的人）是不行的。

顺便提一句，见识就是知识加上信念，胆识就是见识加上勇气。

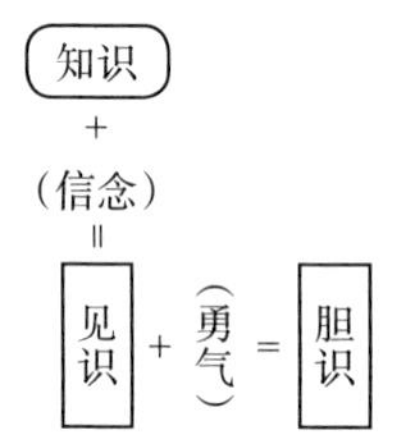

3. 用勇气去判断与实践

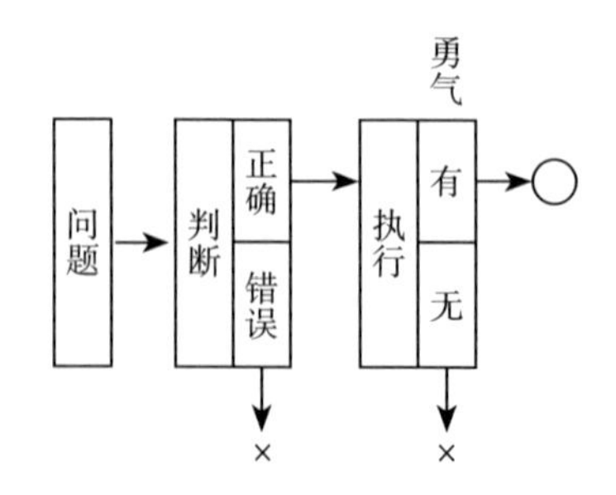

任何人在人生当中都会遇到一些问题，不论是小问题、中问题还是对人生有重大影响的大问题。

当问题发生时，人们会左思右想，思考如何解决。若判断正确还好，若判断错误，从做出判断的那一刻起，事情就会走进死胡同。假设判断正确，接下来便进入执行阶段。师父说，在这个阶段若想依照判断行动，就需要勇气。有勇气的人能够按照判断行动，而没有勇气的人常给自己找各种理由，不付诸行动，或者只开展那些对自己有利的行动。如此一来，好不容易做出的正确判断就失去了意义，因此勇气真的非常重要。

举个判断错误的例子，假设有一家制造食品的企业突然发现所使用的食品材料在上个月过期了，这时经营者或许会想“反正材料剩得不多，也吃不坏肚子，况且没人知道”，于是继续使用，结果这件事偶然被曝光。这样的事只是企业经营的冰山一角，还有更多类似的错误决断，如果是你，你会果断地扔掉那些过期的食品材料吗？

何谓勇气

1. 胆魄与执行力

师父说，勇气是向前迈出一步的勇气，可以称作胆魄，就是遇事时果断行动的决断力、行动力。

2. 垂直攀登

毫不犹豫、笔直地前进（push forward）。爬坡度缓和的山称不上攀登，只有爬悬崖峭壁、险峰峻岭或天堑才能称为攀登。因此，塾长的勇气就是无论遇到任何困难，即便枪林弹雨也坚持前进的精神。

3. 将正确的事情正确地贯彻到底

有的人学了正确的知识却无法践行；有的人虽然实践了，却无法正确实践、按照学到的知识行动。这就好比学了足球传球的方法，却因为没有完全掌握，所以无法把球踢到位。

卑怯是要不得的。逃避、敷衍、明明功夫还没练成却不全力以赴、只按照自己的方便行动，此等种种都是卑怯的体现。消除这些卑怯举止就是勇气。

4. 不随着环境盲动

有时，人们会随着社会或身边环境变化轻易改变行动，师父把这种现象称为随着环境盲动。

明明下了决定，却随着情况轻易改变，这是因为没有信念。塾长说盲动型的人不能在企业中担任领导者。

5. 财力的重要性

所谓“一文钱难倒英雄汉”，一个人没有钱，他的信念就有可能向现实低头，变得委曲求全，这样的事在你身上发生过吗？本来应该这么做，却为了钱只能屈服。

塾长在创立第二电电（DDI）时，京瓷处于无负债状态，并有1500亿日元的现金存款。塾长从中拿出1000亿日元，用来创立DDI。塾长也说过，如果没有这笔钱，自己绝不会开拓这个新事业。所以，塾长敢同NTT这一通信巨头正面竞争，不是只靠情怀，如果没有雄厚的财力作为后盾，塾长也不会有这样的勇气。

“动机至善，私心了无”，这是塾长在创立DDI前对自心叩问的名句。然而，这一句更精确的表达应该是“动机是否至善，是否私心了无，手里有没有钱”。

6. 大善

“小善似大恶，大善似无情”是塾长脍炙人口的名言。这也是人人都会遇到的问题。譬如，父母原本应该对孩子严格要求，却因为怕被孩子讨厌而不敢批评，这样的人不在少数。此外，本想严肃批评下属，却因人手不足，害怕下属辞职，所以不敢批评，这也是摆在许多人面前的问题。

在这种情况下，需要有勇气。不要逃避，认真批评，方为大善。

有时候，经营者必须无情，有句老话叫“挥泪斩马谡”，问题就在于当在现实中遇到这种情形，自己是否做得到。

7. 钱和男女关系

师父在进行重要人事任命之前，经常会问候选人：“你在金钱上有问题吗？在男女关系方面有问题吗？”

领导者因为金钱、男女关系问题而失去要职，这样的事屡见不鲜。暴露的话自然很糟糕，即使没暴露，也会使领导者心虚，从而拿不出勇气，更何况被发现是迟早的事。若经营者的信念败给了金钱色欲，就无法从事企业经营，在这方面必须有勇气。

常言道，人有五欲：食欲、色欲、财欲、成功欲、睡眠欲。克服这些欲望就需要勇气。顺便提一句，这里强调的是克制，而不是战胜[一]，因为我们不是在战胜别人，而是在克制自己。

8. 纯粹之心

师父经常引用詹姆斯・艾伦的著作里的话教导我们。

“内心肮脏的人因为害怕失败而驻足不前之地，心地

[一] 日语中克制与战胜发音相同，汉字不同。——译者注

纯净之人却从容踏入，并轻而易举地获得胜利，这样的情形并不少见。”

一个人一旦做了亏心事，就害怕他人指指点点，担心有什么人会找上门来，于是畏首畏尾，踌躇不决；而那些活得纯粹的人内心坦荡，行事堂堂正正。心虚的人一看见警察就发慌，一看见税务局来人就坐立不安，可是，没有做任何亏心事，内心干净坦荡的人绝不会坐立不安。我也是向师父学习，才能堂堂正正地生活。这个原则给我带来了数也数不清的恩惠。

师父在日航的记者招待会前，没有就破产前的事情提前统一过任何口径，就这样直接出席，因为只需要按照事实讲话。

9. 玻璃般透明

一旦玻璃般透明，勇气就会涌现。

“湧”[㊀]字写作三点水旁一个勇，就是这个意思。玻璃般透明指的是无不可示人之处，所以不会心虚。师父曾坦言，让京瓷的财务状况玻璃般透明后，经营变得十分轻松。原因是大家可以明明白白地看见，师父作为社长，从来不随意使用公司费用，加上他比任何员工努力，所以内

㊀ 日文的涌现写作“湧く”。——译者注

心坦坦荡荡，无须在意员工怎么看，自然可以堂堂正正地批评员工，我也是这样。

培养勇气的方法

我讨厌过懦弱和窝囊的自己，为了改掉软弱的毛病，一直反复尝试改进，得出了一些培养勇气的方法，在这里给各位介绍一下。

1. 初级篇

（1）饮酒有度。

不是劝大家不喝酒，而是不要被酒精左右。人喝到酩酊大醉，就容易产生“差不多得了”的想法，好不容易鼓起的干劲也泄了。此外，喝多了第二天还会宿醉，让人提不起精神，这正是勇气消减的表现。

（2）付出不亚于任何人的努力。

一个人如果有过“付出不亚于任何人的努力”的实际体验，就会觉得“我是最努力的”“没人比我更努力”，自然变得自信起来，勇气也随之出现。现实中，我在身边的确没见过比我更努力的人，因此自动产生了“败给不如自己努力的人的话太难看了”的感觉，就自然有了勇气。

（3）不做坏事。

人做了坏事自己心里明白，即使不被别人发现，自己也会莫名其妙地感到心虚。这么一来，本来明明有 100 分的力，往往只能拿出 90 分、80 分。譬如，认为自己也做不到，所以没必要说到那个程度，或害怕自己做的事暴露，所以保持沉默，等等。

（4）公私分明。

公私分明也是让人变得坦荡荡的方法。经营者若将公司的公款用于自己或私人关系身上，一旦事情被戳破就会变成问题，甚至因此倒台。

（5）不与人比较。

与人比较，赢了就会产生优越感，而输了就会产生自卑感。既然如此，还是不要比较为好。一个人被情绪所困，就会失去干劲，也就很难产生勇气。

（6）朴素节俭。

戴高档手表，穿一流品牌的服装，坐豪华车，购买高档货品，吃高级食品，若有充足的财力，过这样奢华的生活倒也无妨。然而，一旦事业发展不利，手头变紧的话，生活水平就难免降级，但自身的虚荣心和自尊又不容许自己从高品质的生活跌落，于是就会变得没有勇气。

既然如此，干脆平时就过简朴的生活，这样就没有上述的担忧。事实上，我的同行中，有的人明明没有足够的实力，却从银行贷款建办公楼，为了还贷，不得不为客户行不正当之事，这都是因为身负巨额债务，所以失去了勇气。

（7）自我暗示。

塾长最为尊崇的中村天风教过一种自我暗示的方法。面对镜子中的自己，专注地念叨“我是有信念的”“我是勇敢的”，每天在睡前和起床后这么做，这些话就会进入潜意识，并且逐渐变成现实。

（8）建议“三天打鱼两天晒网”。

俗语说“三天打鱼两天晒网”，指做任何事只能坚持三天。然而，我们可以利用这一点。尽管第四天没有坚持，我们可以从第五天开始干。总之，中途停止了也没有关系，从次日接着继续干就好。

（9）设想心爱的孩子正在看着自己。

没人希望让自己的孩子看见自己丢人、窝囊的样子，所以，可以养成自问自答的习惯，问自己：“这件事是否能让我的孩子看见，是否能对孩子说？”

（10）积累小小的勇气。

成大事不易，但是从耳勺般的勇气开始是可行的。如此一点一滴不停行动，勇气就会逐渐越积越多，先是一耳勺，然后是一茶匙，接着是一汤匙、一勺子、一桶……勇气会变得越来越大。

（11）率先垂范。

我们可以下定决心，无论做什么都从自己开始，也可以发誓，做什么都抢先举手，这样勇气就自动出现了。

（12）徒手打扫厕所。

没人愿意徒手打扫厕所。不过，一旦做过一次自己厌恶的事情，就会产生一种“其他的事都不在话下”的错觉。

（13）早起。

和徒手打扫厕所一样，有的人很怕早起。一次又一次地做自己害怕的事情，勇气就会产生。顺便提一句，不早起的话，很难实现一年工作 5000 个小时，也就是很难实现付出不亚于任何人的努力。

（14）“忍”字诀。

吃苦耐劳，在心上放一把刀，以“不成功便成仁”的决心做事。这里的“忍”不是让人忍耐厌恶的事，而是以坚强的毅力坚持做好的事。

（15）坚持公平公正。

不论面对什么情况，都不能有卑怯的举止，下定决心，坚持公平公正。像塾长一样堂堂正正、帅气地活着。

（16）置身于磁场高的地方。

可以刻意身处勇者汇聚的组织或集体，这样自己也就自动变得勇敢起来。师父称之为磁场效应。铁本来没有磁性，但与磁石接触后也会带上磁力，对其他靠近的铁制物产生吸附力。我们尽管自身缺乏勇气，但归属于有勇气的人组成的组织后，也会变得有勇气起来。

（17）保持健康。

一个人身体抱恙，就会失去干劲。因此经营者要时刻保持健康。

健康是自己创造的，为了健康，平时就要用心造因。

顺便提一句，健康的三大影响因素是心态、饮食与运动。其中，师父认为心态最重要。一个人不论吃多么健康的食物，做多少运动，一旦内心崩溃，健康立刻就会受到损害。此外，保持健康也是社长的工作之一，我为了健康，读了约 50 本相关的书，逐渐形成了适合自己的保健方法。

（18）让全员拥有正确判断视角的玻璃般透明原则。

人在众目睽睽之下一般不会干坏事，因此，可以在方方面面贯彻玻璃般透明的原则，在企业内的财务、行为、信息等方面构建玻璃般透明的机制。

（19）今天干一天试试。

如果没办法坚持几天，不妨只干一天试试。这么一来，自己就会因为“我干了一天”的事实而自信起来。

（20）不要集中突击，而是每天做一点。

不要把一周的工作集中在一天干，而是每天干一些，这非常重要。

地球一天也只转一圈。所以，每天做一点是符合自然规律的。

（21）自有资本比率达30%。

当企业的自有资本比率达到30%时，资金周转就会实现一定程度的稳定。如果在钱上有富余，就不必受金钱摆布，可以做自己想做的事；相反，如果缺钱，就会被钱牵着鼻子走，即使想做事也会因为没资金而放弃，还容易被钱蒙了心而犯下过错。

2. 中级篇

（1）猴子法则。

有一种捉猴子的陷阱：挖一个仅够猴子爪子伸入的洞，在洞里头放上猴子爱吃的东西，猴子就会把爪子伸入洞里，企图把食物取出来。然而，洞口本来就只有猴爪大小，猴子一旦抓住东西，爪子就拔不出来。其实，只要猴子肯放下食物，就能逃脱，但有的猴子往往不肯放开爪子，结果被困在陷阱旁束手就擒。那些痛快地放开爪子的猴子则可以逃出生天，继续过着自由自在的日子。

这个故事是一个比喻，告诉人们如果执着于好不容易得到的地位、名望、财产、客户，就有可能失去真正宝贵的东西。明哲保身的心态是很可怕的，我在30多岁听到这个故事后，曾多次因为这个道理而得救。

（2）不为自己，而是为别人。

一个人若为了自己，一旦涉及利害或妨碍，就会灰心放弃；可若为了别人，就能想方设法继续坚持。

在我小时候，曾经听过《奔跑吧，梅勒斯》的故事。梅勒斯为了遵守对朋友的承诺，连续跑了好几天回到城里。他之所以能坚持，是因为要履行对朋友的承诺，而不是为了自己。

（3）树立大义名分。

我在第一条中解释过“義”的含义。只要拥有“義”，“我是为了它而奋斗的”，人心就会振奋起来。

（4）强制石膏。

在第七条“培养意志的方法”中已经做过解释，包括有言实行、破釜沉舟、做出承诺等。

（5）对标，看见美好的风景。

在第七条“培养意志的方法”中阐述过，在此不再赘述。

（6）赴汤蹈火。

反复经历，克服困难，获得胜利经验，这是一种构筑勇气的方法。塾长会强迫意志薄弱或缺乏勇气的员工经历各种事情，让他们变成有勇气的人。

（7）夸奖自己。

人只要获得别人的褒奖，就会产生“好，我要继续努力”的积极性。

然而，获得他人的褒奖不是那么容易的，既然如此，唯有自己夸奖自己。我常常夸奖自己“没有人比你更努力了”“没有人比你更关心人了”。

（8）自有资本率达 50%。

比起初级篇中的 30%，自有资本率达到 50%，企业的财力更雄厚，经营者就能更安心，也更有勇气。

3. 高级篇

（1）学习智慧，而非知识。

知识仅是知识，对人生影响不大。而智慧指的是因果法则、经营十二条等构建人生根本的宝贵指导。

我们修习这些智慧，就能理解人生真理、经营本质与病痛灾难的意义，自然会产生勇气，甚至不再需要勇气。

（2）玻璃般透明。

在“何谓勇气”中的第 9 点已经阐述过。

（3）自有资本率达 70%。

自有资本率达到 70%，将会为企业带来更稳健的财务体质。企业的自有资本率一旦达到这个水平，即使遇到大萧条或出现严重问题，也可以依靠这份财力化解，因此经营者的勇气不会减少。

（4）找到自己真正想要、令自己热血沸腾的梦想或愿望。

只要自己的愿望是真实的，是自己真正希望的，人就会变得热血沸腾，遇到任何困难阻碍也会前进。

（5）降低标准。

在第七条的“培养意志的方法”中已阐述，在此不赘述。

（6）提升常识的水平。

这一条与前面的（3）有些类似。

据说在京瓷，拼命工作是一个常识，在其他企业里有“京瓷让员工做牛做马”的谣传，这是因为彼此对“常识”的理解不一样。提升自己的水平，常识水平也会相应提高。

譬如，把一年工作 4000 小时视作常识的经营者，与把 5000 小时视作常识的经营者相比，实力和成果都有巨大差距。常识的水平越高，人的勇气就越大。

（7）放下恭敬心。

一个运动员若对自己的对手有恭敬仰慕之心，在比赛时就会畏首畏尾，发挥不出实力，有的选手就是这样失败的。原因是这种“恭敬”进入了自己的潜意识。

日本职棒球手仰慕美国职棒联盟，没有一个日本球手不梦想着有一天能够去美国职棒联盟打球。正因为如此，在与美国职棒联盟球队比赛时，日本球队才无法取胜，他们对对手太恭敬了。在2023年世界棒球经典赛决赛中，日本队与美国队争冠。比赛前，大谷翔平在休息室里动员其他日本球员“放下恭敬心”，一直仰视对手的人是永远不可能取胜的。放下恭敬心，自然就会产生勇气。

当然，我也不是让大家对对手掉以轻心，或者蔑视对手，而是尊重对手，真诚、认真地面对对手。

（8）信念即100%相信，99%都不行。

信念就是100%相信的状态。一个人没有信念，就无法激发本有的勇气。99%相信意味着1%的怀疑。也就是说，在内心的某个角落，漂浮着“或许不行”“或许会变成这样”之类的负面情感。这些情感会打消人的勇气。塾长常说，不要有一丁点儿怀疑，心里不要有一丝阴霾。

（9）恪守清规戒律。

塾长的生活就像苦行僧，在日语中称为“极度认真”。“竟然做到这个程度”——塾长以令人诧异的姿态，心无旁骛，垂直攀登。人处在这样的状态里，勇气就会自动产生。

（10）践行经营十二条的其他条目。

只要一丝不苟地践行第九条之外的条目，就会获得“勇气”这个附加好处。因为当一个人具备了实力与自信时，有勇气是理所当然的。

（11）坐禅和冥想。

人们常说，只要冥想或坐禅就能开悟，其实极为困难。

我在 30 岁时，每逢周日去寺庙里坐禅，一周一次，坐了三年，始终没有开悟。倘若不求开悟这种高境界，而是为了保持不随波逐流的心灵状态，培养控制自心的能力，坐禅和冥想是很有效果的。

塾长每天念诵白隐禅师的经文，白隐禅师的冥想法中有“二念不继”[一]一法，我每天修行“二念不继”，调伏自心，让自己的勇气不减少。

㊀ 二念不继指当觉察到自己的一个念头，立刻停止念头的自然发展，以免念念勾连，生生不息。——译者注

第十条

不断从事创造性的工作

——明天胜过今天，后天胜过明天，

不断钻研创新，精益求精

何谓创造

1. 不是机械重复，而是持续

不要机械重复同样的事情，而是不断钻研，持续改进。

师父告诉我们，第四条与第十条要结合起来实践，第十条起到为第四条加速的作用。第十条写着，“明天胜过今天，后天胜过明天，不断钻研创新，精益求精”，说的就是为了改进工作，持续钻研，片刻也不放松。师父的每一句话格局都很高。所以，请别忘记，这里所说的“钻研”可不是半吊子的功夫。

在我读小学时，学校里曾经有满分 10 分的简单小测验。做工作就像接受这种小测验一样，可以反复测验，直至拿到 10 分满分。即使第一次只得 3 分，也不必失落，只要不停做同样的题目，因为刚刚才做过，第二次考试就能得 4 ～ 5 分。继续重复参加测验，就能得 7 分、9 分，迟早能得 10 分。然后参加另一场测验，用同样的办法得到 10 分后，再去接受另一场测验……就这样不断重复这个过程。在我心目中，这就是不断从事创造性的工作。

2. 重视独创性

一个人如果肯做别人不肯做的、别人做不了的或与众不同的事，就能成功。话虽如此，做起来却没那么简单。师父在创立京瓷初期，四处去跑业务，可迟迟拿不到订单。他苦苦思索，后来采用了一个权宜之计，就是“先把订单接下来再说”。

师父去各企业推销自己的产品，可是那些企业早已有合作企业，于是纷纷拒绝，产品迟迟打不开销路。不过，有些客户拿出一些其他企业不肯做或做不了的业务，问：“你们做得了吗？”意思是师父如果做得了，可以把这个订单拿走。然而，师父一看，自己也没有做过呀，只是这时如果不回答“做得了”，就拿不到业务。为了保障员工的生活，师父无奈接受了这个业务。

在回家的电车里，师父苦苦思索，到底应该怎么完成这个业务。回到公司后，久候的员工们赶忙问：“怎么样？”

师父把图纸给他们看，他们看完面面相觑："社长，这种东西我们没做过，而且连制造设备也没有。"师父硬着头皮说："设备可以马上买。"随后师父买来二手机器，自己动手改装至可以用来制造产品。因为不这样做就拿不到业务。

师父说，尽管自己是靠说谎才拿到订单的，但只要在约定日期前做出试制样品，获得客户认可，就能拿到业务。员工们相信师父，扛着巨大的压力，屡败屡战，最后终于成功制出产品，把谎言变成了现实。

这么做很危险，一般人根本做不到。然而，对当时的师父而言，这是唯一能拿到业务的办法。在不断重复类似事情的过程中，师父发现在那些全新的业务（即其他公司不肯做或做不了的业务）当中隐藏着生机，于是勇敢地接下那些业务，企业的技术能力也因此逐渐提高。正因为如此，京瓷不仅制造精密陶瓷部件，还陆续拓展了切削工具、人工关节、太阳能电池板、宝石等事业，这些事业看上去光鲜亮丽，背后是京瓷人持续付出的朴实而艰苦的劳动。

不是只看现在，而是放眼于未来，即"能力要用将来进行时看待"；即使现在做不到，只要肯努力，不断成长，最终就能成功，这就是"相信人类的无限可能"，还有"不行的时候才是工作的开始"，这些哲学条目都是塾长通过亲身经历得出的智慧。

3. 坚持完美主义

师父是一个很严厉的人，常说做人要追求完美——不是比较好（better），也不是最好（best），而是完美（perfect）。我们觉得“怎么可能做得到完美”，可若不努力追求完美，就会被师父批评。不过，我入塾学习后，逐渐理解了“追求完美”的含义：或许无法做到完美，却要向完美不断靠拢。

一个人做任何事情，都不可能一开始就做到完美，然而只要反复地做，不断改进，事情就会逐渐趋近完美。因此，即使起初做得不好，也绝对不要垂头丧气或有感性的烦恼。

各位听说过犹太人的 78 ∶ 22 定律吗？这个定律指出，不论怎么努力做一件事，结果只有 78 分，一定会失掉 22 分。重要的是先知道“没有完美”。有的人说“不，我就要 100 分”，可事实上做不到。如果硬要追求 100 分，人迟早崩溃。因此，一开始做不好是正常的，清楚地了解这一点非常重要。在清楚这个现实的基础上，我们可以先拿 78 分，然后在剩下的 22 分的部分努力，这样又可以在 22 分里拿到 78%，即 22×78%=17 分，加上原来的 78 分就是 95 分，接着，在剩下的 5 分里继续拿 78%，即 4 分左右……不断重复这个过程，最后，结果将无限接近 100

分。这种感觉就和前面所说的参加小学的小测验相似。

4. 不论走得多远都不停歇

宇宙浩瀚无垠，而人的成长也永无止境。因此，不要觉得“这样就行了”，不论走得多远，都不要停歇，要带着“再多成长一点点”的意识行动。

以前，我曾受邀在大阪盛和塾发表演讲，获得了意想不到的好评，后来，再次演讲时我使用了与上次相同的内容，结果被大阪盛和塾的代表世话人批评：“你讲的东西和之前一样，根本就没有成长。”当时，我恍然大悟，原来这就是第十条讲的钻研创新。

不论走得多远都不满足，企业中的制造、销售、财务、行政如此，身边的人际关系亦如此。总之，一个人在人生的各方面都要有“成长永无止境”的意识。在网络上搜索、读书、听CD、看DVD、参加培训或课程、倾听别人的分享——成长的机会无处不在。

5. 不迈出第一步，就不会有开始

师父说，争论做不做得到毫无意义，又说“只需要思考怎样才能做到”。

面对工作，不论做不做得到，明不明白，觉得难不难，只要动手去做，就会知道怎么能做到，怎么做不到。

在做不到的时候，更改做法就可以了。创新不过是不断重复这个过程。

6. 爱上工作

师父说，只要爱上工作，就能做到付出不亚于任何人的努力且没有丝毫痛苦。

师父说，要想做喜欢的工作，只有两个方法：要么寻找自己喜欢的工作，要么喜欢上自己现有的工作。然而，辞去现有工作去寻找喜欢的工作，是十分不现实的，因此，唯有爱上自己正在从事的工作。

师父在大学毕业后进入松风工业，不论在工作还是人际关系上都遭受失败，曾经在宿舍后面的河边流泪，一边唱着《故乡》，一边怀念故乡鹿儿岛。据师父说，他当时心里非常痛苦，忍不住流下泪来，身边的人还说“稻盛又去河边哭了”。

我 32 岁开始创业，成立了会计师事务所。起初不论在业务、员工教育还是家庭方面都事事不顺，也曾在夜深人静之时，独自一人在办公室里流泪。在心中痛苦难当的时候，我还曾去附近的海边眺望大海蓝天，默默流泪，现在回忆起来，原来自己也有过那样窝囊悲惨的时期。

爱上工作并不是一件容易的事。一个人对待自己的爱好兴趣如高尔夫球、钓鱼，往往非常认真，我们可以把这份认真用在工作上。近些年来，我建议大家“一边把他人的满意与喜悦放在心里，一边工作”。

一个人若能在工作时把他人的满意与喜悦放在心里，就会笑容可掬、态度亲切，做起事来仔细认真，还会尽快完成；在给别人解说时，也会尽量讲得简单易懂。这样一来，别人对自己工作的满意度就会逐渐增加。对于一般人来说，让别人满意，自己也会高兴。一高兴，身体也不累了，也会产生“下次继续加油”的动力，其结果是对待工作的态度变得更积极了——至少我是这样的。

不过，如果有人问“你爱工作吗”，我的答案是不一定。我对工作的感觉更像从工作中获得了价值感、使命感。大约因为这样，尽管不说“爱”之类的话，我对工作却能付出不亚于任何人的努力，一年工作5000多个小时，坚持了20年，所以，对工作持有价值感、使命感也可以。任何人想让女朋友欢喜，自然会费心思琢磨，工作也是同样道理。

7. 在人生中不断改进

我们从师父身上学到的经营，其对象是包括个人、家庭、事业/工作在内的整个人生。所以，我们应该具体地采取措施，改变自己、改善家庭、改进工作。

四书五经中的《大学》中有“修身、齐家、治国、平天下”之说，体现的是人生的全面经营，而其基础是修身，即不断提高自己。一个人一旦做好修身，家庭自然和谐，工作、企业经营也会逐渐好转。师父的京瓷哲学里蕴含的思想是：“通过践行京瓷哲学，我得到人生的基本思想是‘作为人何谓正确’，我一直坚持向员工讲述，只要能够依照这个判断基准度过人生，每个人的人生都会幸福，整个企业也会繁荣兴盛。”这就是“提高心性，拓展经营”的含义所在。

8. 一切由周围的人决定

我是否招人喜欢，是否能出人头地，工资是否能涨，顾客是否选择我的餐厅，别人是否相信我……这里列举的一切，都并不由你决定，而取决于你身边的人。

可以说，即使你想自己决定，决定权也不在你手里。因此，请在行动时仔细思考：“怎样才能让别人选择我，别人是如何看待我的，我诚实可信吗，我在工作时是否值得信赖，我是否让别人满意，我是否值得别人感谢……”像这样换位思考，站在对方的立场观察，你的行为就会发生变化。

9. 四个创造

师父说，自己一直在从事四个创造。

- 创造需求。
- 创造技术。
- 创造产品。
- 创造市场。

创造需求 创造技术 创造产品 创造市场	创造

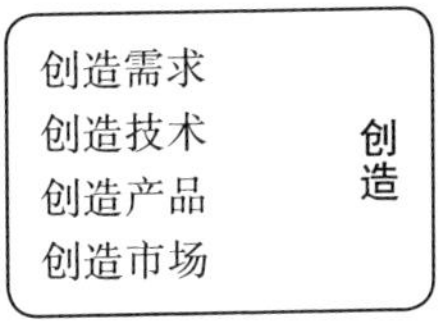

举个例子，师父创造了人工宝石这种产品。

天然宝石很昂贵，而人工宝石虽然由人工结晶而成，却是如假包换的宝石，又比天然宝石便宜，应该会有人要吧——这就是创造需求。

制造人工宝石的技术并不简单。京瓷的员工们通宵达旦，最后总算研发制作成功，技术就是这样诞生的。接着，他们将结晶而成的宝石设计成戒指、项链，变成商品。

然而，人工宝石遭到整个天然宝石业的排斥，迟迟打不开市场。后来师父想出主意，雇人在加油站向前来加油的家庭主妇展示产品目录，推荐产品，公司慢慢有了顾客，市场就这样逐渐打开了。

从事创造性工作的方法

- 坦诚①（集思广益）。
- 坦诚②（不要只靠身体的记忆）。
- 有意注意。
- 打开智慧的宝库。
- 小小的成功，大大的喜悦。
- 像傻子一样率先垂范。
- 说谎。
- 打开思维。
- 一月一改进。
- 把失败当成好事。
- 不优秀比较好。
- “思考吧”。
- 有愿望自然就有计策。
- 只去想“怎样才能做到”。
- 领导者必须有创新精神。
- 从遇见的所有人身上学习。
- 弄清楚什么可以改变，什么不行。

- 构建机制。
- 否定固有观念。
- 发挥个性。

1. 坦诚①（集思广益）

一个人拥有的知识与经验有限，如果能获取其他人的知识和经验，就可以集思广益。

在集思广益上最有代表性的人物是松下幸之助。他小学中途退学，没有学历，于是靠向他人虚心求教学习。松下电器所有员工都从小学毕业了，学历都比松下先生高。因此，即便对着刚进公司的新员工，松下先生也能坦诚地说："我小学就退学了，所以不太明白……你脑子真好，真了不起，能教教我吗？"然而，松下先生可是世界闻名的企业松下电器的统帅，是经营之神，其实几乎什么都懂。尽管如此，他也不是全知全能的，所以还需要听一听别人怎么说。即便对方所说的10件事中有9件是他知道的，偶尔还有一件他不知道，就为了这一件不知道的事，他也会倾听别人的话。松下幸之助是全世界鼎鼎有名的大人物，但凡说一句"我知道"，别人就会立刻闭上嘴巴，他也就无法获取众人的智慧了。

师父在京瓷实现了多元化。可是，听说师父在很多领域都是外行，因此常到大学或各处打听求教。只要有人说，这个领域的事情要问问某某大学的某某师父，那个事要问某某大学的某某教授，师父就一个一个地虚心求教，最后自己变成了最懂行的人。

在这里容易出现的问题是，一个人若不谦虚就无法向别人求教，自以为优秀就会听不进别人的话，就像兔子不会听乌龟的话一样。我们需要调研、打听，直到问无可问，听无可听，这时就能成为最了解情况的人。

2. 坦诚②（不要只靠身体的记忆）

世间有的人坚持己见，有的人执着于自己的做法，有的人认为“我是在米其林三星餐厅中学习过的”“我毕业于名牌大学”，似乎只要有了这些“招牌”就足够了，一味坚持过去所学的知识与经验。也就是说，这些人只使用身体的记忆，因循守旧，墨守成规。

然而，人有眼睛、耳朵、嘴和头脑，可以用眼睛偷学别人的做法，用耳朵倾听别人的话，用嘴向别人提问，用脑子仔细思考。所以，除了身体的记忆，我们还要调动其他一切。

3. 有意注意

注意中有“意”的存在，也就是说，有目的的注意就叫作“有意注意”。师父常说，一个人若能全神贯注地做一件事，哪怕是十分微小的事情，持续做十年、二十年、三十年，也能做出高明的判断。有言道“狮子搏兔亦用全力”，指的就是意识的高度集中。那么，我们怎么用好“有意注意”呢？

我一直以来的做法是，在某个时期，有意识地将自己的注意力聚焦在某件事或某个行动上。我突然发现这么做非常有效。

塾长将“有意”解释为“目的”，所以，在“有○注意”的“○”里填入自己想要达成的目的即可。

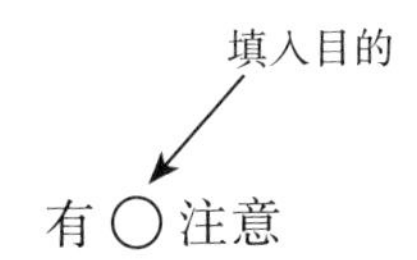

譬如，假设你最近想给公司挂一块招牌，目的是“招牌”，可以在“○”里填上招牌。在此之前，尽管身边有无数招牌，你却因为意识并不在招牌上，只把招牌当作身边风景的一部分。然而，从有制作招牌的念头开始，你立刻发现，一块块招牌跃入眼帘。师父用这个方法，在“○”里填上“电信”，结果在电信这个自己完全没有经验的行业中创立了第二电电公司。

换言之，在“○”里填入“危机感”，就会想方设法，钻研出摆脱危机感的方法。

4. 打开智慧的宝库

师父认为，这个宇宙存在智慧宝库，而智慧就是从那里涌现的。这些智慧就是我们所说的点子或灵感。在入塾之前，我有时产生灵感，误以为是自己想出来的，是自己的功劳，现在回想起来，发现那不过是自己的傲慢，把灵感当作自己的创意是大错特错，于是心生惭愧，一直在深刻反省。

现在，我坚信这些灵感并非来自我的力量，而是上天的安排，是上天为了帮助我而教给我的办法。灵感和小聪明截然不同，按照灵感行动能获得成功和幸福，可按照小聪明行事，则很可能导致破产、得病，从而变得不幸。

在社会上，我常听闻有人因为突然有了些想法，就去投资或拓展新事业，结果铩羽而归。这些就是小聪明。灵感与小聪明的区别在于其思维方式是利他还是利己。灵感是利他的，而小聪明是利己的，区别仅在于是为了大家还是为了自己。

为了唤来灵感，①坚持利他，②付出不亚于任何人的努力，即尽心尽力，全神贯注，只要满足这两个条件，灵感就会出现。不过，师父也把灵感称为好的点子，所以，不要被文字所限，只要知道，在坚持利他与努力基础之上产生的点子被称为灵感。按照灵感执行，就一定没错。

5. 小小的成功，大大的喜悦

对于一些微小事，师父也会表现出大大的喜悦。前辈塾生告诉我，师父在静冈打高尔夫球时，曾因为长推杆入洞而高兴得跳起来。我听了心想，塾长真是拥有一颗童心啊。

塾长常说，自我鼓励、乐观开朗很重要。经营者可以用这种精神建设企业，在企业内营造乐观开朗的氛围。

6. 像傻子一样率先垂范

“好的，我很乐意！”——即使被认为傻气，也高高兴兴地接受工作或者委托，这么一来，虽然工资跟别人一样，但可以得到做更多工作的机会，积累更多经验。

在一般人眼里，拿同样的薪水却干更多的活儿，这是傻瓜才干的事，因此几乎不会有人效仿。有的人还会说：“你别那么积极，显得我们很落后似的。”这时只需微微一笑，回应一句“我喜欢工作”就好。

这种工作意识在日本演讲家中村文昭先生的嘴里体现在以下几方面：

- 在 0.2 秒内响应对方。
- 别人委托你做事就是对你的考验。
- 超越对方的期待。
- 成为别人嘴里的“传说”。

只要这么想，就能够积极做到率先垂范。

7. 说谎

据说，师父刚开始四处跑业务，但一直拿不到订单，十分苦恼。无奈之下，师父对明明没有把握的事情也假称“能做到”，在交货期前拼死拼活总算制作出样品，就这样硬生生地拿到了业务。

师父竟然说谎，接受过去没做过的业务，由此创造出新技术和新产品。

8. 打开思维

在做事的时候，我们常听到“提高 10%”或“减少 20%”的说法。可是，以此为目标，人们只会延续既有的思路或做法。此时不妨干脆把目标提高两倍，或者把能耗减少一半。

师父就是这样敢想敢做的人。譬如，本来需要 5 ～ 10 年完成的工作，干脆考虑怎么在两年内完成。一年工作 5000 个小时，对从未这么做过的人而言，也是一个大胆的想法，这时你自然会去思考，怎样才能达到 5000 个小时。

9. 一月一改进

这是 TKC 创始人饭冢毅先生所教的方法，原本的说法是每周改进两点。先研究需要改进什么，调查同行的弱点并写下来，然后一个个去克服。一年有 50 多个星期，只要这么默默地坚持两年，就能改进 200 个地方。结果必然取得绝对优势，成为日本第一。

先罗列出业内存在的问题，然后一个个改进。改进的内容就握在同行手里。

10. 把失败当成好事

犹太人认为，失败是理所当然的，重要的是首先要有“把失败当成好事”的意识。

失败到底是什么意思？它只不过是一种现象，指明了“这个做法行不通”。既然这个做法行不通，就尝试一下其他做法。塾长在回答企业经营状况不佳的塾生时说，“问题很简单，要么是思维方式错了，要么是努力还不够”，表达的也是这个意思。

11. 不优秀比较好

之前我讲了松下幸之助先生善于虚心求教的故事。人一旦有了高学历，就很难向学历比自己低的人求教。所以，学历不必太高，不必那么优秀。

还有，世人总觉得人越优秀越好，学历越高越好，真的是这样吗？我们从塾长那里学习了人生方程式，优秀、学历对应的是方程式中的“能力”，这在人生当中的占比并不高，重要的不是优秀或学历，而是“思维方式”与“努力”两个要素。所以，能力不优秀也没有关系。

12. “思考吧”

师父的办公桌上摆着一块写着“思考吧”的木牌，师父经常以此自勉。在京都的稻盛资料馆里展示的塾长用过的办公桌上，就摆放着这块木牌。

在现今这个时代，数字化系统的进步与发达，乃至AI的发展，使人有忽略思考的趋势，而对高效能的追求使人们越来越追求短平快，企图在短时间内获取知识、习得技能。然而，这样的“速成”能给人带来真正的力量吗？我想，即使有AI，若一个人不用自己的头脑去认真思考，事情还是会失败。

去年去中国的时候，我看见AI制作的塾长视频。容貌的确是塾长的容貌，声音也是塾长的声音，但我曾经长期近距离接触塾长，因此一看就发现图像和声音有微妙的差别，更何况说话的内容也让人感觉不对劲。我觉得这很危险，可只要养成有意注意的习惯，就不必担心。

只要习惯思考，脑子自然会出现许多改进的想法。

13. 有愿望自然就有计策

有的人在需要创意的时候，常常去思考战略战术、权谋计策，塾长认为不需要，只要心里有愿望，计策会自动出现。

确实，对于塾长那样有火一般强烈愿望的人，计策会自动出现；对于我们这些凡夫俗子而言却很困难。可是，不要因此灰心，重点在于明白人类具有这种系统与机制：只要有强烈的愿望，计策就会自动出现，因为它们是上天赋予的灵感。

14. 只去想“怎样才能做到”

师父说，“考虑做不做得到毫无意义，只需要思考怎样才能做到”。

如果只做自己擅长的，做不到的便不做，人类就不会有任何进步。从不能到能，就是进步与成长。因此，养成只思考“怎样才能做到”的习惯很重要。

15. 领导者必须有创新精神

领导者若缺乏创新精神，企业就会因为因循守旧而遭到淘汰，很难存活。领导者必须与时俱进。

16. 从遇见的所有人身上学习

保持坦诚的心态，不固守个人的知识经验，而是寻求众人的智慧。

为此，需要有一种意识：从每个遇见的人身上至少学到一点。或许，有的人一无是处，但是正所谓“盗贼也有三分理”[㊀]，这个谚语告诉我们，就算是盗贼，身上也不全是缺点，也有30%的优点，所以，要从遇见的所有人身上学习。

17. 弄清楚什么可以改变，什么不行

一个人如果不了解自己能做什么，不能做什么，就不知该何去何从。这就如同伤病，如果不能正确把握病情或伤势，就会出现错误的治疗。要想正确治疗，必须有正确的诊断。只有正确地把握现实状况，伤病才能得到正确的处置。

㊀ 即“盗亦有道”。——译者注

18. 构建机制

在第七条“意志”中我提到过，虽然意志是无法增强的，但可以构建机制，让自己看起来意志坚强，譬如，让自己每天早起的机制、让自己坚持下去的机制等。通过构建机制，就能创造事物。

19. 否定固有观念

虽然很难，但每个人都需要打破自己的条条框框。

我也还远没有做到，但是加入盛和塾后，我的一些固定观念被打破了。每个人都有自己的固有观念，这些观念就是迄今为止，自己在人生中获得的知识、经验与感受。在我们想更进一步时，经常受到这些固有观念的限制。可是，宇宙由更庞大的框架构成，在自己的视野无法触及之处，有着数不清的答案。

在父母看来，孩子的视野比父母小，父母觉得孩子不够成熟，不懂得更多方法或做法。前辈看后辈也是如此，譬如“对这些道理还没有体悟”“明明那么做就会成功”等。

总之，在自己的条条框框之外，还有着无数领域——我们要牢记这一点，这非常重要。让我们打破自己的条条框框和固有观念，就必然会发现许多过去不曾觉察的创意。

20. 发挥个性

每个人都有自己擅长、适合自己或一直喜欢的事情。上天赋予每个人不同的气质秉性、特长，比起从事不擅长的事情，充分发挥这些性格特长，人就能变得思如泉涌，并具备耐力。

第十一条

以关怀坦诚之心待人

——生意是相互的，买卖双方都要得利，皆大欢喜

宇宙就是爱、真诚与和谐，第十一条是讲述宇宙意志的条目。

我们如果能理解宇宙意志，就能理解世间各种事件或现象的意义。过去觉得很复杂的事也能化繁为简，人生因此变得十分轻松。

那么，让我们继续思考。

世间有许多人在拼命努力，却不能称心如意，无法获得成功；有的产品或服务明明很不错，却不受欢迎；有的人比任何人都努力销售，却得不到结果；有的技术明明很先进，也采用了最新系统，却得不到成功。像这样的事情不胜枚举，究其原因，大多是缺乏利他心，即缺乏关爱之心。人有利己的习性，很容易只顾自己、自己家人或自己企业。这就是事事不顺的主要原因。

何谓关爱

1. 关爱即利他

关爱，用直白的语言表达就是善良、亲切，在佛教中是利他、布施、慈悲，在基督教中被称为爱。

有人曾在寺庙里布施，就是给寺庙供奉钱或供品。然而，布施不仅仅是贡献金钱或物品，还有贡献情感的意思。布施的“施”字有付出不求回报的意思，指的是只给对方奉献而不求回报。

2. 不花钱的七种布施

有七种不花钱的利他行为，是任何人都可以立刻做到的布施。

- 眼施：温和亲切的眼神。
- 颜施：亲切和善的表情。
- 言施：善良关爱的话语。
- 身施：用身体行动，为别人做些什么。
- 心施：关心、费心。
- 床座施：给人让座、让路。
- 房舍施：请人在家里休息，给对方空间。

3. 爱的力量最强大

师父说过，母爱最强大。母亲对孩子的爱的确是极致的。母亲为了守护孩子的性命，可以不顾自己安危，勇敢地挺身而出，面对危险。

福冈有位大前辈有个故事。他年轻时曾经加入黑帮组织。他的母亲为了孩子的将来，无论如何也要求孩子退出帮会，于是不顾性命安危，去见帮会会长，求他让自己的孩子离开。可是，不论这位母亲去了多少次，都被拒绝。最后对方也败在了她的勇气和诚意下，在接受100下拳击惩罚和支付300万日元“分手费”后，她的孩子终于脱离了黑帮。在讲述这个故事时，大前辈想起母亲，忍不住落下泪来，我真切地感受到母爱力量的强大。

4. 霸道与王道

“霸道与王道”是师父引用的孙中山在日本演讲中的话。日本不该走霸权之道，而应该走王道，可日本并没有听取孙中山的宝贵建议，在第二次世界大战中走上了毁灭之道。

所以说，不能追求霸道，而要追求王道。霸道指的是用力量压制，而王道指的是以德服人。“德”字写作十四心，指的正是经营人心。让大家心服口服，才是王道，利他经营指的就是王道经营。

5. 从索取方变为付出方

宇宙是利他的，所以，一个人如果一直处于索取的位置，就不会幸福，必须转到付出的那一方去。在创立京瓷初期，师父在新员工的入社仪式中训示："你们过去接受父母的抚养照顾，在父母的支持下上学。可今后你们已经步入社会，请转换角色，成为付出的一方。"

6. 爱是什么

"这是我们被赋予的最高恩赐。我爱羊马，我爱草木，我爱花鸟，我爱清水、蓝天还有星星，我爱这个世界的一切。就连那些怨我、恨我、厌我的人，我也不忘去爱。爱可以叩开任何紧锁的心扉。索取回报的爱不是真的爱，我绝不对爱索取回报。我的爱不是为了被爱，只是为了爱而爱。我还不忘爱我自己，因为这是爱的原点。我将带着这份原点之爱去爱一切。"

这篇文章太美了，我每天都背诵一遍。

7. 不是为自己挣钱，而是为别人做贡献

经营不是为了挣钱，而是为别人做贡献，结果自然赚到钱。为了自己挣钱，那是利己；为了别人做贡献，那是

利他。

因为利他，所以在平衡法则、因果规律的作用下，自己也渐渐赚到钱。

8. 不是自我牺牲，而是担起责任

塾长经常说“自我牺牲”，如果领导者对员工做不到自我牺牲，员工就不会追随。我觉得他说得没错，也是一直这么做的。

在一路走来的过程中，我有一个体会。尽管塾长经常用“自我牺牲”这个说法，但这实际上指的是崇高的责任。母亲养育孩子，即便自己吃不上饭，也要让孩子吃饱，这是一种本能。像这样把自己的食物让给孩子的行为是自我牺牲吗？并不是。我觉得那是身为父母的崇高责任。所以，塾长所说的自我负责是最重要的责任。

9. 让人怦然心动，给人梦想、希望与勇气

一个能给人们带来梦想、希望和勇气的人绝对不会失败，这样的企业也不会倒闭，因为没有人不愿获得梦想、希望和勇气。

当人们获得梦想、希望与勇气时，内心就会怦然跳动。在不花钱的七种布施里有言施，指的是用言语行利他。当有人情绪低落时，让他看见今后的方向；当有人拼

命努力却依然受挫时，教给他做出成绩的方法。总之，时刻考虑怎样才能为眼前的人做出贡献。在与人相处时，不是想着能从与对方的关系中获得什么好处，或从对方身上得到些什么，而是保持“我能为这个人做些什么，能为他发挥什么作用”的利他心态，这一点十分重要。

10. 宇宙即爱本身

师父在讲话中提及过宇宙大爆炸理论，不仅对我们塾生讲过，在面向普通市民的市民论坛上也讲过。

130 多亿年前，一些基本粒子引起了大爆炸，然后形成原子、分子，再逐渐形成世界万物，固体、液体、气体，一切都由原子构成，因此宇宙中的所有事物里都有原子核存在。一个原子核由质子和中子构成，因此所有的东西里都有质子与中子。师父就讲到这里。

接着，师父说宇宙里充满了爱。

11. 爱 = 大善

师父引用过 IBM 的社训，讲述“大善似无情”的道理，即关爱员工绝不等于溺爱员工。

我简单描述一下这个故事：一个冬天，湖水结冰，老人在湖边发现了没东西可吃的候鸟，心生怜悯，于是播撒谷物喂它们，结果候鸟们不再南下避寒，一直跟着老人。

然而老人病死后，候鸟们也一直等着老人来喂，结果全部饿死了。

起初在候鸟们快饿死时不管它们的话，虽然有的候鸟会饿死，但大部分候鸟依旧能靠自己的努力活下来，因此，对于坐等别人为他服务的人，我们或许应该做个无情的经营者。

就像这个故事所说的，真正的爱就是给对方严格的锻炼。

12. 经营就是在行利他

销售额＝贡献额，这是我在盛和塾里学到的。经营就是为别人做贡献，所以，经营是利他的行为。一位成功将企业上市的前辈塾生说："一个人在人生中能为别人做多大贡献是非常重要的。"

塾长也说过，人生中最重要的是努力与利他。经营不仅是经营事业，还有经营家庭，所以为亲人付出努力、发挥作用也很重要。

13. 没有感谢，真正的利他就无法体现

我记得塾长在纽约塾长例会上讲过"感谢是宇宙中的最高品质"。

为什么我对这句话印象深刻呢？因为在听到这句话前，我一直认为利他才是最高品质，结果塾长竟然说是

感谢，因此当时我很困惑。过了一段时间，一位很久没见面的客户突然给我打来电话，她对我说了一番话，大意如下："我不会有机会再见你了，所以有件很重要的事要对你说。人不是因为工作称心如意而感谢，而是因为感谢而工作称心如意。利他的前方不是感谢，可感谢的前方是利他。为什么会这样我也不知道，宇宙本身就是如此。"

我将这番话与塾长在纽约例会上的话联系起来思考，若有所悟。也就是说，虽然嘴上说"为别人""利他"，可实际上利他并不那么容易做到。如果自己对人没有感谢之情，不认为活着是幸福的事，就很难发自内心地为别人考虑，也就无法真正利他。我认为，只要是人，为了心中感激的人，自然会萌发"为他做什么"的想法。

14. 善良与软弱看起来相似，其实是两码事

善良给人一种柔弱感，然而，善良绝非软弱可欺。有一句话叫作"善良坚强"，不够强大的人保护不了别人，也做不到善良。

譬如，一个人说"我会令你幸福"，但如果他不够强大，缺乏力量，又怎么保证他人会幸福呢？在洛杉矶奥运会上夺得柔道冠军的运动员山下康弘曾经是塾生，他也说过，防守方必须有更强的力量，否则防不住对手。

15. 什么是对员工的爱

塾长说过，在对员工说话时要带着以下三个意识：①是否用员工听得懂的方式讲述，②是否带着爱讲述，③是否讲到对方明白为止。

当讲了很多遍，员工还不明白时，我们常常忍不住发脾气："要讲多少遍你才明白！？"我也有好几次说话语气变得比较重。

可是，对塾长而言，"要讲多少次才明白"是个禁语。因为，这只能体现自己是一个无能的上司，没办法向员工讲明白。

在对下属讲述事情时，如果下属说"好的，我知道了"，这时他只听懂了30%；如果他说"好的，我会努力干"，那么他只听懂了50%；如果他说"社长，您想说的是这个意思吧。这也是我的目标，我们一定要实现它"，像讲述自己的事一样复述，那么这件事在实施之前可以说已经实现了90%。培养下属，指的就是一直坚持不懈地向员工讲述，直到员工理解到这个程度为止。

16. 塾长的自我牺牲态度

- 在企业里比任何人都辛劳的人。
- 为了员工拼上性命的人。

- 最可怜的人。
- 最吃亏的人。

师父说过，身为领导者，就要成为上面那样的人。在重建日航时，师父给我们做出了表率，向我们示范这种状态。

师父以 78 岁高龄，每天不辞劳苦，从京都赶到东京上班，拼命工作。如果不能回家，就住在酒店里，而且不在酒店餐厅用餐，只在便利店买一点儿油豆腐寿司卷吃，这件事在我们塾生当中是人尽皆知的轶事，此外，他还零报酬出任重建日航的领导者，什么好处都没有，真的十分可怜。日航的员工也被师父的这种态度打动，逐渐发生了改变。

17. 利他的效果

塾长说，利他经营是无限广阔的，原因是坚持利他能够取得许多效果。

（1）得到周围人的帮助。

- 客户选择你。
- 社员追随你。
- 合作伙伴帮助你。
- 有时连同行的企业都不会妨碍你，甚至帮助你。

（2）具备前瞻力。

- 视野更广阔：从“只对自己有利”的狭隘视野变为心怀天下的广阔视野。
- 看得更远：透过“小我”这个“毛玻璃”，只能看见眼前三寸远的东西，然而，利他能让人看得更长远。
- 站得更高：提高心性，人就站得高，所以能“一览众山小”。
- 看得更深：能看见事物的本质，深刻理解事物。

18. 没有爱则没有资格生存

师父在讲话中曾经引用雷蒙德·钱德勒小说中的内容：“男人不强无法生存；男人无爱则没资格生存。”

师父说，对人善良是人一生中最重要的事。师父在人生的最后一次采访中被问到“对您来说，一生中最重要的是什么”时，回答道：“利他之心和付出不亚于任何人的努力。”利他之心，即待人亲切和善，有关爱之心，这是人生中最重要的。

19. 谦虚这一美德的本质

师父说，能力是天赐的，不能将自己的能力当作私有物，而要用它来为身边的人创造幸福。所以，用自己的能力为别人是第一义，为自己乃第二义。

师父告诉我们，谦虚这一美德的本质就在于此。

20. 三方好，四方好

近江商人[㊀]的生意经是“买方好、卖方好、社会好”，意思是买家满意，卖家盈利，商品对社会而言也是好东西。

此外，也有“四方好”的说法，在“三方好”的基础上加上“上天好”，即“买方好、卖方好、社会好、上天好”。产业发达为人类社会带来了数十年的好日子，但地球环境因此遭到破坏，全球出现温室效应，造成各种灾害，原因就是缺乏“上天好”的视角。

21. 别把利他想得太复杂

谈起利他，很容易让人们产生“轰轰烈烈的大事”的印象，其实不然。

关爱身边人，为眼前人着想都是利他。在去富士山捡垃圾之前，更重要的是先把眼前的垃圾捡干净。在为众人做善事之前，先想想自己是否体贴妻子，关心父母，早上起来是否对家里人说过“早上好”，是否照顾对方，还是

㊀ 日本三大商人之一，指中世纪至近代活跃在日本近江国的商人。——译者注

一味想着自己。

人类不知为何，很容易对身边亲近的人缺少关心，大抵是因为太过熟悉。首先对身边的人心怀关爱，行动体贴，连这点都做不到的人，永远也不懂利他的本质。

22. 每天心怀喜悦与感谢

师父在幸福的法门“六项精进”之中说过“活着就要感谢”。

不是有好事才感谢，而是对“活着”这件事本身心怀感谢，这样感谢的门槛就被降到最底线。每天早晨，都有人无法再醒过来。在我举办结婚仪式的第二天，我的前上司的太太去叫他起床时，发现他已经去世了。

当一个人发现自己身边的幸福时，就会满心欢喜，心怀感谢。这样的人就是心性高洁的人，正所谓“提高心性，拓展经营”。

23. 大欲清净

希望全世界的人都幸福，这就是大欲。越多人幸福，世间就越美好。与之相比，我们个人的欲望是渺小的。利他也有大小、层次之分，自己的利他处在哪个层次上，请结合第一条关于“目的的层次”的解释思考。

24. 向天道靠拢

在佛教的教义中，有六界即六道之说，即天界、人界、阿修罗界、畜生界、饿鬼界、地狱界。我们必须保持内心纯净，这样就不会堕落到不好的境地。重点在于我们要遵循师父的教导，持续提高心性，不断向天道靠拢。我想，这就是“提高心性，拓展经营”。

25. 数一数被感谢的次数

师父常说：“为社会为世人尽力，是人类最崇高的行为。”从2021年起，我每天暗中数被人感谢的次数，目标是一个月200次。

斋藤一人说过“成功等于帮助他人的次数”，说得的确不错。

何谓诚实

1. 诚实即正直

日本有个叫作野口英世的人，年少时因为母亲的疏忽手被严重烫伤，吃了很多苦。后来他远渡重洋，去了美国，以洛克菲勒医学研究所为根据地，在国际上大放光芒，多次被提名诺贝尔奖，是一个了不起的人物。

他只身远赴美国，因为正直而赢得了他人的信任，被研究室雇用。之后，他埋头研究，为世人竭尽全力，留下了“正直是最好的计策”这一金玉良言。一个人要想正直地活着，就必须有勇气。

2. 表里如一

有句话“光明没有背面”，意思是光没有背面，人也应该像光一样，正直诚实，表里如一。

在东京举办奥运会期间，“おもてなし”成了流行语。这句话表面的意思是热情招待各国宾客，而真正的含义是“不分表里”[一]，指表里如一，以诚实之心招待贵客。

3. 至诚

师父参加过中国的一个公众节目，节目最后，对方请师父留墨宝，师父写下的是“至诚”二字。

师父引用了“至诚可感天地鬼神”“近福远祸，唯有至诚”之类与至诚相关的名句，讲述至诚的重要性。

至诚即“爱、真诚、和谐”中的真诚，因此，是宇宙意志的体现。

4. 诚实的含义

诚实不太好理解，不过，我认为，师父心目中的诚实

[一] “招待”的日语发音与“不分表里”相同。——译者注

就是，做任何事都尽心尽力，待人不偏不倚，不欺瞒，不撒谎，心地正直，不做坏事，有错就改，表里如一，信守承诺。

关于和谐

1. 什么是“和”

日本有“以和为贵”的说法。

这里的“和”指彼此坦诚相见，该说的就说，如有争议，可彻底辩论直至彼此释怀，关系融洽。我认为它虽然有“和气”的意思，但体现的是一种“本应如此”的和谐状态。

2. 3S

师父看见员工桌上的书籍资料乱摆乱放，就会批评“书和桌子不和谐”，要求员工一丝不苟地将书摆得整整齐齐，与书桌边角齐平。

世间有3S的说法，即整理、整顿、清扫，3S代表的就是这种和谐。师父说，一个人对散乱、肮脏、歪曲毫无感觉，对不和谐的状态视而不见，用这样的心态工作，不可能做出好产品。

3. 介入与协调

我有时会介入一些糟糕的人际关系，从中协调。

譬如，一个企业的会长和社长是父子，当他俩关系不好时，我会介入其中，努力且巧妙地修复他们之间的关系。举个例子，我在会长面前说“社长在夸会长”，在社长面前说“会长对您很赞赏”，促进他们之间的关系好转，这也是因为和谐才符合宇宙的意志。

4. 保持平衡状态

地球与月球的引力相互作用，在到达平衡状态时，月球才恰好围着地球转，而不至于撞上地球。

物以类聚，人以群分。一个人若保持平衡，就会吸引类似的人。恐龙过于巨大，大自然就会灭绝它们以保持平衡。塾长不与他人对立，是一个善于一边保持和谐，一边推进工作的天才。

5. 三恩

三恩是知恩（感谢）、感恩、报恩。

知恩：“恩”字为“因”下一个“心”。因此，“恩”代表饮水思源的心，与知道别人功劳的心。

感恩：发现自己所受的恩惠，并对此心生感谢，诚心回报。

报恩：一个人一味接受他人恩惠，就会失去平衡。所以，接受恩惠后要认真回报、保持平衡，这非常重要。

平衡就是和谐，所以平衡很重要。一个人所受的恩惠太多，运气就会变差，相反，给出去的恩惠越多，运气就越好。上天一丝不苟地维持着平衡，所以，受人恩情必须回报。

6. 付出与获得的分式

定价的分式“价值 / 价格”不过是应用了宇宙的平衡法则、和谐法则。

为顾客提供的价值为分子，从顾客那里获得的价格为分母，同样地，付出的量与获得的量若是相等，人际关系就能保持稳定；如果自己一味获取，即自己一直在得到好处，就会打破平衡，人际关系也会变糟；反之，如果一直是自己在付出，人的心情也会变糟。不过，一个人若能理解利他精神，就不会心生怨怼。付出的越多，运气就会变得越好。

培养利他精神的方法

1. 知足

世间有“知足”的说法。

知足指不贪心，对拥有的东西心怀感谢。师父常说，只要抑制利己之心，心灵中腾出的空隙会自动被利他填满。

2. 多说感谢

多说“谢谢”有百利而无一害。总之，要不停地说“感谢”。塾长也经常说“谢谢”。

3. 为他人的成功而喜悦

为他人的成功而喜悦，起初很难做到，但随着实践深化，逐渐就能做到。这并不意味着认输或不努力，而是指自己努力的同时也称赞对手。

4. 把对方当作自己的孩子或恋人

一个人把员工、客户当成自己的孩子或恋人，就会呈现利他的态度。一直以来，我面对员工时，首先想的是“如果他是我的孩子，我会怎么办”，然后行动。

5. 不求回报

不要去想“这个人会不会买我的东西”，而是先思考如何让眼前的人幸福。把对方放在心里，诚挚细心地推荐产品，在工作时心里单纯希望客户幸福。

6.《把爱传下去》

以前，在一位熟人的推荐下，我看了电影《把爱传下去》。我非常感动，下面是这部电影的内容概述。

电影一开始，有一个人的车发生了故障，正束手无策时，一位绅士从黑暗中现身，把自己的豪车留给他，尔后离去。为什么这位绅士要把豪车送给自己，这个人完全摸不着头脑。

下一个画面就是这位绅士的女儿因急病被送到医院，医院里候诊的病人排着长龙。他恳求医生先看他女儿，却无人理睬。这时，队伍中一个受伤流血、正在候诊的年轻黑人突然在医生脚边开了一枪，说："他不是说要看病吗！？快给这个女孩看病！"年轻黑人硬逼着医生治疗了那个女孩……这是一个体现"只要帮助别人，这份恩情就会被其他人偿还"的故事。不知道为何，我看了十分感动，觉得"真是一部好电影"。

塾长常说"积善行，行利他"，我当时想，这部电影说的就是这个道理。

7. 践行不花钱的七种布施

不花钱的七种布施在前文已说过，不再赘述。

8. 付出不亚于任何人的努力

双倍劳作，干两个人的活儿。

一个人若想自己幸福，干的活儿超过一人份就足够了。然而，若想为别人做事，就需要更加勤奋。在辛勤工作的过程中，心性就会逐渐提高。

另外，师父说，人一旦一年工作四五千个小时，就没有时间寻欢作乐，也没有时间考虑自己、为自己计较，因此小我就会减少。我也每年工作5000个小时以上，坚持了20年，的确没有时间考虑自己，更没有多余的时间胡思乱想。

9. 探索无形的东西

在给等候在会客室里的客人上茶时，一边敲门一边心里想着门后的客人；在送报纸时，一边投递一边为这家人的幸福祈祷；在寄东西时，一边贴邮票一边想着收东西的人；在发送邮件时，一边写邮件一边想着对方的幸福。

尽管看不见对方，但带着美好、利他的心愿去行动，这非常重要。

10. “是这样的”“我理解”

即使不同意别人的意见，也不要一上来就说“不行”，而是说“是啊，我理解你的心情”。这么说并不代表对方说的是对的，而是在表达“我理解你”。这样对方就会开始听取你的意见，不把你当作敌人，彼此的关系也逐渐变得和谐。

11. 善于表扬

一个人受到表扬，通常心情会很好，这是因为他的自我重要感得到了满足，所以感到幸福。

我也一样，受到表扬会感到很高兴。可一个人年过花甲就有了一定的辈分，获得别人夸奖的机会变得越来越少。

我每半年去牙医那里检查一次牙齿。有一次，医生说："村田先生的牙总是刷得那么干净。"我心里很快乐，心下想，为了下次再得到夸奖，我以后要更仔细地刷牙。

因此，请多夸奖别人。只是，需要注意的是，有的人一旦被夸奖，就会误以为自己已经做得足够好了，不需要再努力，要小心这种情况发生。

12. 降低幸福的标准

在第七条的"培养意志的方法"中我已经阐述过，在这里再稍微补充一下。

师父是个超级大富豪，却喜欢在吉野家吃牛肉盖浇饭，在小诸拉面站着吃荞麦面，而且吃得津津有味。因为对师父而言，幸福的门槛很低。下面来应用这个方法。

举个天气的例子，如果幸福的标准是晴朗，那么一旦遇到阴天，幸福就消失了，更不用说下雨，人立刻会变得忧郁起来。但是，如果幸福的标准是下雨，遇到阴天就会觉得“太好了”，遇到晴天的话，就会觉得自己太走运了。

我们可以用相同的思路思考员工教育。若将“说一次就明白”当作幸福的标准，说几次对方不明白，自己就会变得烦躁，若说几十次对方还不明白，自己大概就会火冒三丈，甚至开除员工。然而，若把说几十次当作标准，才说了几次，对方就明白了，自己一定会觉得“很不错”；说一次对方就明白的话，自己大概会为之惊叹，认为这是个奇迹。

就像师父那样，有意识地降低幸福的标准，就会对周围的人或事物温柔以待。

13. 看看谁是不能遗忘的、重要的人

对你来说，谁是重要的人？已婚的人会认为是丈夫、妻子或孩子，未婚的人会认为是父母兄弟，有的人认为是朋友、伙伴。我们要把员工也纳入心目中重要的人之列。

师父常说“大家族主义”，一直把员工当作家人一样重视。我们也可以把非亲非故的员工当成自己的孩子或亲兄弟对待。起初或许很不习惯，但渐渐地，就能培养出对员工的关爱之心。

14. 从卖手变为买手

不做为制造方卖东西的代理人，而做买方的代理人。

制造的产品是否畅销，取决于购买的消费者是否认为该产品便于使用。没有利益点的产品，人们是不会买的。所以，我们要站在消费者的立场，去看待销售与制造，这种思维方式，才是真正的利他心。

真正的利他就是从消费者的视角看问题。

15. 意识到心爱之人的死亡

我看过一部电影，叫作《我和妻子的 1778 个故事》。

影片中，妻子罹患不治之症，只剩几个月的寿命，而从事编剧工作的丈夫从医生那里得知，笑能让人提高免疫力，或许能因此治好癌症，于是他每天写一个逗人发笑的故事，讲给妻子听。丈夫无论如何也想治好妻子，于是每天绞尽脑汁，编写快乐的故事，结果妻子活了五年多才去世。

看了这部电影，我想起，如果我妻子离世的话，我会很伤心。所以，我要趁现在对妻子好。一个人意识到死亡的存在，就会对人善良起来。

第十二条

始终保持乐观向上的态度，以坦诚之心处世

为什么要时刻保持

为什么要时刻保持乐观开朗？因为自然界有因果法则。

师父教过我们“善因善果，恶因恶果”，思善行善就能得善果，反之，念恶作恶就会遭恶报，因果相报，丝毫不爽。

因此，一个人的内心即使只有瞬间阴霾，也会出现相应的结果。哪怕只有瞬间失去梦想与希望，都会导致没有希望的后果。这就是需要“时刻保持”的原因。

这也是为什么师父说“遇见灾难也要感谢”，尽管很难。若因为遭受灾难而垂头丧气，这颗沮丧的心将会带来新的沮丧，所以，即使假装也不要沮丧，而要开朗起来。

在人前保持开朗

话虽如此，人总有痛苦、难受或想独自落泪的时候。然而，在人前还是要保持开朗的样子。

我 32 岁创业，当时工作、员工教育、家庭，事事不顺，且囊中羞涩，曾经有过一段非常困难的时期。从事企业经营，就会遇到三种苦：工作之苦、金钱之苦、人员之苦。员工下班回家后，办公室里只剩我一人，我想："为什么每件事都不顺心！？""为什么员工就是不理解我？！"想到这里，忍不住流下泪来。在内心痛苦得难以承受的时候，我曾独自到空无一人的海边，眺望着大海与天空，默默流泪——我也有过这样悲惨窝囊的时候。然而，即便会独自流泪，但在人们跟前，我依然做出乐观开朗的样子。当时觉得那么痛苦的经历，现在却觉得没什么大不了的，真的很有意思。

据说师父在刚进松风工业时，不论在工作还是人际关系上都不顺心，常到宿舍后面的河堤思念故乡鹿儿岛，还唱起歌曲《故乡》，以慰思乡之情。身边的人都纷纷嘲笑他，说："稻盛又去河边哭了。"尽管如此，师父还是调整心态，回去工作。经过多次反复，师父意识到伤感不能改变任何东西，抱怨就像对天吐唾沫，唾沫最终还是会落到自己头上。既然逃也逃不掉，干脆埋头工作，于是把锅碗瓢盆从宿舍搬到工作地点，住在公司里，一心一意工作。师父说，这是他人生的转折点，从这时起，他的人生也开始好起来了。

取悦自己

你会取悦自己吗？人时不时地会遭受焦虑、悲伤、愤怒等情绪的侵袭，一不小心还会被这些情绪牵着鼻子走，导致一整天无心工作，有的人甚至会被困扰一个月。师父觉得这样太浪费时间了，所以说“不要有感性的烦恼”，说的就是这种情形。

那么，怎么才能像讨别人欢喜一样让自己开心呢？方法有坐禅和冥想，不过，首先我们要知道，这些情绪是不会一直持续下去的。各位生气的时候，能够保持生气的情绪一整年吗？我想不太可能。就是这个道理。

情绪迟早是会消失的，既然如此，从一开始就不要生气，不是更好吗？就算要生气，也应该尽快调整情绪。天有雨雪阴霾，可在雨云雪云的背后是晴天，所以阴雨雪天不是“转晴”，而是“回归晴天”，因为乌云之后本来就是太阳。

我们也一样，每个人本来有真我这一乐观美好的心灵，只需要回归这个心灵状态。因此，人跟自然界完全一样，乐观开朗是基本原则，愤怒、悲伤才是特殊情况。

乐观开朗是与天相通的秘诀

师父在经营中用上了天力。

经营有三个力：自力、员工和身边人的人力以及天力。师父说，天由爱、真诚与和谐构成，每个人心灵正中央的真我也是由爱、真诚与和谐构成的。因此，天和人的真我完全一致，都是爱、真诚与和谐。

一个人只要乐观开朗，品质就与天相同，自然就能与天相连。比起只靠自己的力量经营或生活，若能用上天力，就变得轻松多了。

精神优先

不是因为如意才有希望，而是因为有了希望事情才会如意。人不是因为变得幸福才幸福，而是因为能感知幸福才幸福。

师父认为幸福等于一颗能感知幸福的心。即使身处环境相同，每个人的看法也不尽相同。我们塾生都是乐观开朗的，要养成以善意看待一切的习惯。

最恶的三毒

师父说，人生有贪、嗔、痴三毒，意思分别是贪婪、愤怒、抱怨牢骚。

人生有诸多烦恼，唯三毒最为突出，人人不能免俗，因此被称为破坏人生的最恶的三毒。如果不想成功，只要每天贪、嗔、痴，就一定会失败。因此，师父告诫我们，抑制三毒十分重要。让我们消除蛊惑人心的三毒吧。

人工陶瓷骨事件

师父有一个最要紧的教诲。师父也是从临济宗的僧侣西片师父那里学到的，多亏这个教诲，师父的观念发生了改变，从此变得更加成功。

京瓷公司生产人工陶瓷骨产品，如人工关节、人工齿根等。这些产品需要按药事法获得许可才被允许销售。此外，每个部位的人工陶瓷骨都需要单独申请许可。然而，在有关部门的首肯下，京瓷制造了某个部位的人工骨，却遭到责难，被指责违反法律，最终师父不得不向公众谢罪。京瓷明明向相关部门确认过可以生产，却遭到社会责难，师父心里忿忿不平，于是找西片师父诉苦。西片师父听完之后，告诉他一个最根本的道理："虽然不知道你在什么时候造过恶因，但你现在遭受的苦难，就是那些恶因所结的果。所以，恶因消失了，应该煮红豆饭庆贺才是。"从那以后，师父每当遇见灾难，就当作在不断消除过去的恶因。

心灵的层次

心灵是有层次的。

心灵的层次

↑	
高级	发生灾难时欢喜、感谢
中级	在风平浪静的平时也欢喜、感谢
初级	遇见好事会欢喜、感谢
不合格	发生好事也不欢喜、不感谢

一般在初级的人比较多，不过，偶尔有些人自视甚高，遇见好事也不高兴，更不会感谢，这样的人不提也罢。

师父告诉我们的是至少要达到中级，可以的话，应该向高级靠拢，就像师父遇见人工陶瓷骨事件时一样。

将因果代入人生方程式

师父的人生方程式是在自己的反复实践摸索基础上形成的最终形态。方程式里的要素和顺序都发生过变化，最后变成现在的模样。

师父为什么会思考这个方程式？是因为他心中有个疑问："难道没有方法让能力普通的人也获得伟大的成功？"这个疑问来自他幼时的一段经历。

师父还小的时候，有位叔父经常到他鹿儿岛的家里喝酒。每次几杯下肚，叔父就开始吐槽现任县知事是个傻瓜，说自己在读小学时，成绩比他好。明明叔父头脑比较聪明，但头脑不如他聪明的人却当上了县知事，而叔父只是个醉汉。通过这件事，师父发现，在这个社会，成就并不取决于成绩，在成绩之外，还有更重要的影响因素。于是师父不停叩问自身，通过自身的人生经历与长期观察，最后发现，思维方式与努力比成绩、能力更重要。思维方式指一个人的人生态度和哲学。

因果陷阱

善因善果，恶因恶果。或许有的人认为，既然如此，什么都不做就不会有事发生，其实不然。

师父引用詹姆斯 · 艾伦《原因与结果的法则》中的话语，告诉我们，如果不修剪庭院里的花草，庭院就会长出杂草，而且杂草会越长越茂盛。我们的心灵也是如此。

一个人如果思想不干净，就会以三毒为中心生出诸多烦恼。所以，人人需躬省自身，勤给心灵“除草”，种下爱、真诚、和谐，并持之以恒。心灵中的纯净，也像肌肉一样，不锻炼就会消失。师父说，心灵就像带着螺旋桨的自行车，不拼命踩的话，就会坠落。我们可以以坚强的毅力，在人生中时刻监督自己，让心灵充满爱、真诚与和谐。

别人是自己的镜子

常言道，别人是自己的镜子。他人的态度因你的举止态度而改变。你如果在意别人，别人也会珍惜你，在意你；你如果对人粗鲁，别人也会粗鲁地对待你。试想一下镜子中的自己，如果你在镜子中看见自己的脸脏了，于是去擦拭自己投影在镜中的脸，那不论怎么擦，你的脸也不会干净。同理，如果你对待别人的方式不改变，对方也不会改变对待你的方式。

因果同质

善因善果，恶因恶果，思考美好的事就会成就美好，思想污浊就会化身污浊。这就是为什么要时刻乐观开朗，怀抱梦想和希望。一个人的思想行为全部会进入自己的潜意识，然后反映在自己的人生中。

阴是阴，阳是阳，将阴转为阳，即为正向思维。上天是开朗光明的，一个人不乐观开朗，就无法与天相连，就是这个道理。

在这里，重要的是头脑与心灵保持一致。尽管头脑认为要“这样做、那样做”，但如果心里不这么想，这些事就无法进入潜意识，也无法实现，原因是思维和情感并不一致。师父所说的愿望，指的是思维与情感保持一致的状态。

方法

（1）自我监察。

自我监察也叫坐禅或冥想，用一句话说就是自己监视自己。每个人心中既有善也有恶，既有勤奋也有懒惰，它们都是自己的一部分。然而，勤劳、善良才是真正的自己，要让那些撒谎的、邪恶的、懒惰的“自己”处于真正的自己的监视之下。

（2）自我取悦。

通过监视自己，在邪恶、懒惰的自己出现时，要像打地鼠一样敲打它们。

我们要打的是不平、不满、牢骚抱怨、说坏话、诉苦、担忧、怨恨、记仇、嫉妒、自卑、明哲保身、消极、怕麻烦、理所当然、漠不关心的心态。

（3）没有失败。

尽管有“失败”这个词，然而，事情是否失败，取决于你是否认为这是失败。我们可以把失败看成一种指出“此路不通”的现象。既然此路不通，下次不妨尝试一下别的路，这么一来，就没有失败了。

（4）美德的存折。

我们可以设想，上天有本美德存折，积德就是在存折里不停存钱。

有时，有的人做了很多好事，却迟迟看不见回报，于是逐渐失去动力。然而，因果法则存在，在出现相应结果之前，所造的因不会消失。因此，像存钱一样不停积德就好。因为上天有美德的存折，做好事就算不能从人那里得到回报，在上天的存折里，你的德也越积越多。不必在意周围人的反应，只要埋头存钱就好，存下来的德将会变成你的运气。所以师父才说“不必担心”。

（5）相信。

或许我们并不知道事情本身是不是真的，但是，“相信”很重要。相信就是 100% 地信，但凡信 99.9% 都不算相信，因为其中还有 0.1% 的怀疑。100% 地信称为信念，完全相信非常重要。

（6）一切都是我的错。

一个人一旦理解了因果法则，就会明白在自己身上发生的一切，都是自己造的因。过去，你或许觉得“这是别人的错”“那是社会的问题”，现在需要向内思考，发现这是自己的问题。

（7）妙用正向思维。

一个人可以巧妙地应用正向思维。

在跟着盛和塾一起去巴西时，发生过一件事。经历了长达 30 小时的旅途劳顿，我们总算抵达了巴西的酒店。

因为非常疲劳，我一到酒店就立刻上床睡觉，可隔壁房间正在大声弹唱，而且还在跳舞，连我的房间都能感受到震动。巴西是有“里约狂欢节”的国度，人们确实热情奔放。可是，到了晚上10点、11点，隔壁的喧哗依然没有结束，就这样直到凌晨12点。我开始采用正向思维，在脑中想象，自己也去了隔壁房间，跟他们一起唱歌跳舞，就这样不知不觉地睡着了，一觉睡到天亮。第二天，住对面隔壁的人对我说：“村田，昨晚很吵，你也没睡好吧。他们一直闹到半夜，我一晚没睡着。”

（8）唱《故乡》。

像师父唱《故乡》一样，一个人如果至少有一首治愈自己心灵的歌，就可以用它来排解苦闷。只要听到这首歌，就能重新打起精神，心情也重新开朗起来。

我一听范·海伦乐队的*Jump*就会精神抖擞，听见安德列·加侬的《相见如初》，内心就会得到治愈，还十分喜欢披头士乐队的*Let It Be*。

（9）接触大自然。

大海、山岭、森林、竹林、河流、瀑布、湖泊，一个人只要身处大自然，就能被自然治愈。

坦诚

终于来到了第十二条的最后一个要点。至此为止，我们已经学习了很多要点，然而，若不坦诚接纳，付诸行动，这些学习就会失去意义。首先，让我们坦诚地接受、率直地实践。师父也说，大家来到盛和塾，如果不实践就没有任何意义。

（1）何谓坦诚。

坦诚就是诚恳地把别人说的话听进去。这并不意味着别人说什么都要听，而是对正确的事情、对真理坦诚。

坦诚与顺从不是一回事。师父常说，坦诚是进步的母亲，谦虚是学习的根本。一个人不坦诚，就不会进步。别人难得给出忠告，自己不接受的话，要么失败，要么变成一个傲慢、惹人生厌的人。忠告中难免有斥责，被斥责又有什么奇怪的呢？或许对方说的是对的，只是态度错了而已。

师父说，坦诚就是坦率地承认自己的不足，就是谦虚的态度，而不是被人轻蔑后依然赔笑，也不是把满满的恶意当作善意，更不是遭受挫折后露出丑态。只有缺乏力量的人才会虚张声势，夸大其词。

（2）接纳与自己不同的人。

求同存异，这也是我在进入盛和塾后学到的智慧之一。

或许有的人认为自己比较能够听取不同意见，然而，这里指的接纳，是接纳所有不同意见。不然的话，我们就会依据自己仅有的知识、见解、经验判断事物，采取行动。自己完美吗？肯定不是。所谓学海无涯，不懂的地方多如牛毛，未经历的事情也很多。比自己聪明能干、知识渊博、优秀的人也比比皆是。所以，我们可以像松下幸之助一样虚心求教，不耻下问，保持坦诚，集思广益。

（3）不固执。

有的人意识不到自己的固执。有的人觉得自己并不固执，但不管别人说了多少次都不行动。下一次见面时一问："怎么样？你做了吗？"回答是"没有做"。再见面时一问，还是没做。

人是好人，待人和善可亲，性格稳重，就是从来不把学到的东西付诸实践。这样的人称不上坦诚，而是非常顽固的。首先，让我们发现自己并不坦诚。

（4）不挑挑拣拣。

师父说，我（指师父）对中村天风先生的东西曾囫囵吞下，所以，你们（指塾生）也要把我（指师父）的东西全部吞下。

有的人好不容易学习了"经营十二条"，却只挑对自己有利的、能做到的实践，结果得不到成长。大家可以把"经营十二条"想象成用十二片木条制成的木桶，只要少了一片木条，桶里的水就会流光。此外，木条也有长有短，桶里能装多少水取决于最短的木条。因此，实践"经营十二条”，需要条条践行，缺一不可。重点在于下定决心去行动。很多人说“我做不到付出不亚于任何人的努力”，这不是做不做得到的问题，首先要尝试去做——做就对了。

（5）从讨厌的人身上学习。

人类有一种倾向：对喜欢的人说的话，能积极听取；对讨厌的人说的话，则一开始就拒绝倾听。然而，你喜欢的人并不完美，有时也会说错；讨厌的人说的话，也有不少有道理之处。所谓“盗贼也有三分理”，任何人都有对的时候。

所以，不要根据对说话者的好恶来决定是否聆听，而是坦诚地听，这个态度非常关键。此外，自己心里也要有一把尺子，衡量别人说的话是否正确，这把尺子就是“经营十二条”。

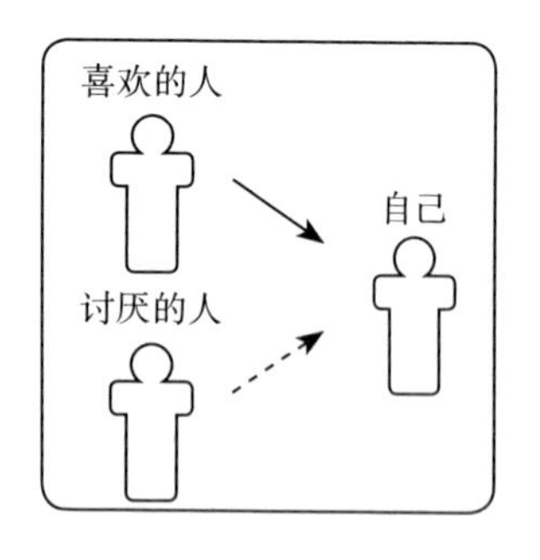

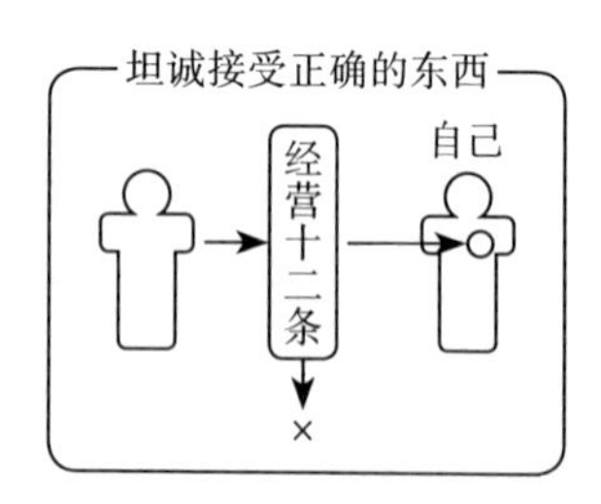

（6）坦诚令人幸福。

如果别人能坦诚地听你说话，你的心情一定不错。

孩子坦诚地听父母的话，下属坦诚地听上司的话，员工坦诚地听社长的话，被坦诚对待的人是幸福的。然而，反观自己，我对身边的人坦诚吗？我是否用坦诚让身边的人感到幸福？可见坦诚是非常困难的。

师父教过我们“要谦虚不要骄傲，努力再努力”，这是因为人很难做到谦虚。大家都不谦虚，不坦诚——我们要牢记这一点。

（7）拥有导师就会坦诚。

师父说的话，我什么都接受，不论知道不知道，明白不明白，统统接受，我觉得自己真的挺坦诚。

然而，我是否能对其他人说的话也同样坦诚接受呢？并不能，因为我并不坦诚。

尽管不够坦诚，但只要有优秀的导师，我就能变得坦诚。各位也去寻找自己的导师，培养自己的坦诚吧。

最后，师父认为坦诚之心是人格向上发展所不可缺少的唯一要素。让我们用一生来培养自己的坦诚之心吧。

北京子瑜文化传媒有限公司自2018年创立始，专注于个人与企业的成长和发展。本着以助力“人生与经营”的经营理念，通过实践型“体感认知”的方式方法在个人心智成长、企业经营改善等方面提供个性化、定制化的咨询和服务。

其合宿型工作坊——“瑜合宿”，通过创造舒适和安心的环境，结合实践型个人心智“体感认知”，实现对自我认知、心灵成长、困扰解忧等目的。

同时，基于在线视频系统，子瑜文化还提供线上多人视频交互课程、心灵成长直播以及一对一的在线心智沟通等服务。从心灵、心理以及实际应用角度，讲述含思维方式的内在意识的运作机制及应对措施，进而促进个人思维方式的发展进化。

子瑜文化，专注于人，助力你的“人生与经营”。

最新版

“日本经营之圣”稻盛和夫经营学系列

任正非、张瑞敏、孙正义、俞敏洪、陈春花、杨国安　联袂推荐

序号	书号	书名	作者
1	978-7-111-63557-4	干法	[日]稻盛和夫
2	978-7-111-59009-5	干法（口袋版）	[日]稻盛和夫
3	978-7-111-59953-1	干法（图解版）	[日]稻盛和夫
4	978-7-111-49824-7	干法（精装）	[日]稻盛和夫
5	978-7-111-47025-0	领导者的资质	[日]稻盛和夫
6	978-7-111-63438-6	领导者的资质（口袋版）	[日]稻盛和夫
7	978-7-111-50219-7	阿米巴经营（实战篇）	[日]森田直行
8	978-7-111-48914-6	调动员工积极性的七个关键	[日]稻盛和夫
9	978-7-111-54638-2	敬天爱人：从零开始的挑战	[日]稻盛和夫
10	978-7-111-54296-4	匠人匠心：愚直的坚持	[日]稻盛和夫 山中伸弥
11	978-7-111-57212-1	稻盛和夫谈经营：创造高收益与商业拓展	[日]稻盛和夫
12	978-7-111-57213-8	稻盛和夫谈经营：人才培养与企业传承	[日]稻盛和夫
13	978-7-111-59093-4	稻盛和夫经营学	[日]稻盛和夫
14	978-7-111-63157-6	稻盛和夫经营学（口袋版）	[日]稻盛和夫
15	978-7-111-59636-3	稻盛和夫哲学精要	[日]稻盛和夫
16	978-7-111-59303-4	稻盛哲学为什么激励人：擅用脑科学，带出好团队	[日]岩崎一郎
17	978-7-111-51021-5	拯救人类的哲学	[日]稻盛和夫 梅原猛
18	978-7-111-64261-9	六项精进实践	[日]村田忠嗣
19	978-7-111-61685-6	经营十二条实践	[日]村田忠嗣
20	978-7-111-67962-2	会计七原则实践	[日]村田忠嗣
21	978-7-111-66654-7	信任员工：用爱经营，构筑信赖的伙伴关系	[日]宫田博文
22	978-7-111-63999-2	与万物共生：低碳社会的发展观	[日]稻盛和夫
23	978-7-111-66076-7	与自然和谐：低碳社会的环境观	[日]稻盛和夫
24	978-7-111-70571-0	稻盛和夫如是说	[日]稻盛和夫
25	978-7-111-71820-8	哲学之刀：稻盛和夫笔下的“新日本 新经营”	[日]稻盛和夫

“日本经营之圣”稻盛和夫经营实录（共6卷）

跨越世纪的演讲实录，见证经营之圣的成功之路

书号	书名	作者
9787111570790	赌在技术开发上	【日】稻盛和夫
9787111570165	利他的经营哲学	【日】稻盛和夫
9787111570813	企业成长战略	【日】稻盛和夫
9787111593256	卓越企业的经营手法	【日】稻盛和夫
9787111591849	企业家精神	【日】稻盛和夫
9787111592389	企业经营的真谛	【日】稻盛和夫